DEBATTE 24

IBN TUFAIL

Der Ur-Robinson

Mit einem Nachwort
von Otto F. Best

Matthes & Seitz

Auf der Grundlage des von Léon Gauthier herausgegebenen arabischen Textes «Risālat Ḥayy Ibn Yaqẓān» (1900) sowie der deutschen Fassungen von J.G. Pritius (1726) und J.G. Eichhorn (1783) und unter Zuhilfenahme der lateinischen Übersetzung von Ed. Pococke (1671 bzw. 1700), der französischen von L. Gauthier (1900 bzw. 1936) und der englischen von L.E. Goodman (1972) ins Deutsche übertragen von Otto F. Best.

Unter Verwendung der Illustrationen der ersten englischen und ersten deutschen Buch-Ausgabe des Ur-Robinson.

 Herstellung und Umschlaggestaltung: Bettina Best, München. Satz: Auer GmbH, Donauwörth. Druck und Bindung: Kösel, Kempten. ISBN 3-88221-367-1

INHALT

IBN TUFAIL

DER UR-ROBINSON

das ist

Der Lebende, Sohn des Wachenden

oder

Philosophus autodidactus –

Der von sich selbst gelehrte Philosoph

Ein philosophischer Roman

Philosophus Autodidactus: or the Life of Hai Ebn Yokdhan
D.O.M.
Avicen
Averroes
Dei enim Invisibilia condito Mundo manifesta fiunt
Printed by Edm. Powell in Blackfriars

Im Namen Gottes, des Gütigen, des Barmherzigen!

Möge er Mohammed, Unsern Herrn, seine Familie, seine Gefährten mit Segen überschütten und ihnen ewige Seligkeit schenken! Du hast mich gebeten, hochherziger, aufrichtiger, geliebter Bruder (Gott schenke dir das ewige Leben und Glückseligkeit ohne Ende!), dich möglichst weit in die Geheimnisse der Metaphysik einzuweihen, wie der Meister, der Prinz der Philosophen, Abu Ali ben Sina [Avicenna] sie mitgeteilt hat. Doch wisse: wer die reine Wahrheit will, muß nach diesen Geheimnissen forschen, sich mühen, Kenntnis von ihnen zu erlangen. Nun, deine Bitte hat einen edlen Eifer in mir erweckt und mich (Gott sei gepriesen dafür!) zur Ahnung eines ekstatischen Zustands geführt, der mir bislang unbekannt war. An einen so außergewöhnlichen Punkt hat er mich gelangen lassen, daß weder die Zunge ihn zu beschreiben noch das Hilfsmittel des geschriebenen Wortes Rechenschaft davon zu geben vermag; denn es ist so ganz anders und gehört zu einer anderen Welt. Die einzige Beziehung dieses Zustands zur Sprache besteht darin, daß derjenige, der ihn oder eine seiner Stufen erreicht hat, angesichts der Freude, Zufriedenheit, Wonne, die sie vermitteln, darüber nicht schweigen, ihr Geheimnis nicht wahren kann: Bewegung erfüllt ihn, Jubel, Überschwang und Heiterkeit, die ihn dazu treiben, das Geheimnis dieses Zustands auf allgemeine und unbestimmte Weise weiterzugeben. Ist es nun ein Mensch ohne wissenschaftliche Ausbildung, so redet er einfach darauflos. Einmal verstieg sich einer dazu zu sagen: «Lob sei Mir! Wie groß ist Mein Ruhm!» Ein anderer sprach: «Ich bin das Wahre Wesen!» Noch ein anderer schließlich meinte: «Der unter diesen Gewändern ist Gott selbst!» Abu Hamid [Algazel] hingegen hielt diesen Zustand, als er ihn erreicht hatte, in den folgenden Versen fest:

«Was er ist, ich vermag es nicht zu sagen.
Denk, es war gut, und laß das weitere Fragen.»

Aber er war ein durch literarische Bildung verfeinerter und durch Pflege der Wissenschaften gestärkter Geist. Bedenke auch die Worte des Abu Bekr Mohammed ibn Jahja [Ibn Badja], der im Anhang zu einer Abhandlung über die Vereinigung mit dem Göttlichen schreibt: «Hat man begriffen, was ich sagen will, so versteht man auch, daß keine gewöhnliche wissenschaftliche Kenntnis es mit diesem Geheimnis aufnehmen kann. Der Zugang zu ihm wird einem gewährt in dem Zustand, da man sich losgelöst sieht von allem, was vorausgeht, erfüllt von neuen Überzeugungen, die nichts Materielles haben, zu edel sind, dem natürlichen Leben zugeschrieben zu werden, befreit von der dem natürlichen Leben anhaftenden Mischung und würdig, jenen göttlichen Zuständen gleichgesetzt zu werden, die Gott seinen Dienern nach Belieben gewährt.» Dieser Zustand, von dem Abu Bekr spricht, ist erreichbar mit Hilfe der spekulativen Wissenschaft und der Meditation. Ganz gewiß ist Abu Bekr dorthin gelangt und hat sein Ziel nicht verfehlt.

Doch der Zustand, von dem wir zunächst gesprochen haben, ist ein anderer. Auch wenn er der gleiche in dem Sinn ist, daß nichts sich darin enthüllt, das verschieden wäre von dem, was in jenem zur Enthüllung gelangt. Er ist davon unterschieden lediglich durch größere Klarheit und weil die Vision dabei zustande kommt durch etwas, das wir, rein bildlich gesprochen, «Kraft» nennen können. Denn weder in der allgemeinen Sprache noch im Fachvokabular können wir Wörter finden, die geeignet wären, das wiederzugeben, was zu dieser Art von Vision führt. Dieser Zustand, von dem wir gesprochen haben, und dessen Geschmack wir nun, angeregt von deiner Bitte, erproben wollen, gehört zu dem, worauf Meister Abu Ali [Ibn Sina] aufmerksam gemacht hat, und zwar an der Stelle, wo er sagt: «Wenn Wille und mystische Übung ihn dann auf eine gewisse Höhenstufe geführt haben, erblickt er, als wäre es im flüchtigen Licht der Morgenröte, die raschen und lieblichen Erscheinungen des Wahren Wesens, dem Blitz ähnlich, der, so rasch er aufzuckt, auch wieder verlischt. Fährt er dann in seinen Übungen fort, mehren sich diese plötzlichen Erleuchtungen; schließlich ist er so geschickt, daß er sie auch ohne Übung herbeizurufen vermag. Jedesmal wenn er einen Gegenstand gewahrt, wendet er die Augen von ihm weg zur Erhabenen Heiligkeit, um über sie nachzudenken: dann kommt ihm eine neue plötzliche Erleuchtung; und er sieht das Wahre beinahe in allen Dingen. Schließlich führt ihn die Übung an einen Punkt, wo sein augenblicklicher Zustand zur vollkommenen Seelenruhe wird: Was flüchtig war, wird zur Gewohnheit, was ein schwacher Schimmer war, wird lodernde Flamme. Er gelangt zu einem sicheren Wissen, das wie fortdauernde Gemeinschaft ist.»

So beschreibt er die sukzessiven Stufen, die zum Erlangen führen, jenem Zustand, da «sein inneres Wesen zum blanken, dem Wahren Wesen zugewandten Spiegel wird. Nun ergießen sich höchste Wonnen über ihn. Er ist von Freude erfüllt über die Spuren des Wahren Wesens, die er in seiner Seele entdeckt und blickt in diesem Zustand auf das Wahre Wesen und zugleich auf sich selbst, und er schwankt zwischen beiden. Schließlich verliert er das Bewußtsein seiner selbst: Er betrachtet nur mehr die Erhabene Heiligkeit, und betrachtet er seine Seele, so nur im Zusammenhang mit ihr. Dann kommt es zur anschauenden Vereinigung.» Allein durch diese von ihm beschriebenen Zustände, glaubt er, lasse sich ein Geschmack erreichen, und nicht durch spekulative Wahrnehmung, die sich in Urteilen bewegt, indem sie Prämissen setzt und Schlüsse zieht.

Willst du einen Vergleich, der dir den Unterschied begreiflich macht zwischen der Wahrnehmung, wie jene Schule sie versteht, und der Wahrnehmung, wie die andern sie verstehen, so denke dir den Fall eines Blindgeborenen und stelle dir vor, dieser sei dennoch begabt mit einem glücklichen Naturell, mit einem regen Verstand, einem sicheren Vorstellungsvermögen, einem verläßlichen Gedächtnis und einem aufrechten Sinn. Seit seiner Geburt hätte er in der gleichen Stadt gelebt und mit Hilfe der ihm verbliebenen Sinne dort jeden einzelnen Bewohner kennengelernt, die zahlreichen Gattungen belebter und unbelebter Wesen, die Straßen, die Gassen, Häuser, Märkte, so daß er schließlich imstande gewesen wäre, ohne Führer in dieser Stadt umherzugehen und alles, was ihm begegnete, sogleich zu erkennen. Allein die Farben wären ihm lediglich durch Erklärung ihrer Namen bekannt und durch gewisse Definitionen, die sie beschreiben. Stelle dir vor, nun würden ihm die Augen geöffnet und sehend ginge er durch die Stadt. Alles wird dem Bild entsprechen, das er sich davon gemacht, nichts wird ihm begegnen, das er nicht wiedererkennt, selbst die Farben wird er finden, wie man sie ihm beschrieb, und bei all dem wird es für ihn wieder nur zwei wichtige Dinge geben, von denen das eine die Folge des andern ist: eine Klarheit, einen großen Glanz und eine große Wonne.

Der Zustand jener, die sich der Betrachtung widmen und nicht die Stufe der Vertrautheit mit Gott erreicht haben, gleicht dem Anfangszustand des Blinden. Die Farben, mit denen er in diesem Zustand durch die Erklärung ihrer Namen bekannt wurde, sind das, wovon dann Abu Bakr sagt, es sei zu erhaben, um auf das körperliche Leben bezogen zu werden, und Gott gewähre es jenen seiner Diener, die sein Gefallen finden. Der Zustand der Menschen, die sich der Betrachtung widmen und nicht bis zur Stufe der Vertrautheit gelangt sind, und denen Gott zum Geschenk gemacht hat, wovon wir sagten, es werde nur im übertragenen Sinn «Kraft» genannt, ist der zweite Zustand dieses Blinden. Doch findet man selten einen Menschen, vergleichbar jemandem, der bei offenen Augen stets einen durchdringenden Blick hätte und kein Bedürfnis zu schauen.

Unter der Wahrnehmung der in Spekulation sich Ergehenden (möge Gotte dich mit Seinem vertrauten Umgang beehren!) verstehe ich hier nicht das, was diese von der körperlichen Welt wahrnehmen, und unter der Wahrnehmung der mit Gott Vertrauten das, was sie an Übersinnlichem wahrnehmen, denn diese beiden Arten von Wahrnehmbarem sind sehr verschieden in sich und nicht miteinander zu verwechseln. Was wir unter der Wahrnehmung der in Spekulation sich Ergehenden verstehen, ist das, was sie am Übersinnlichen wahrnehmen, ist das, was Abu Bakr wahrnahm. Nun, eine solche Wahrnehmung sollte so beschaffen sein, daß ihre Wahrheit offenkundig ist, daß sie begründet ist und, folglich, im Einklang mit der Wahrnehmung der mit Gott Vertrauten, die das gleiche erkennen, nur mit mehr Klarheit und mit höchster Wonne. Abu Bakr tadelt die Art, wie die Sufis diese Wonne verstehn. Er bezieht sie auf die Einbildungskraft und sucht eine klare und deutliche Beschreibung dessen zu geben, was den Zustand derer ausmacht, die diese Seligkeit erreicht haben. Aber hier ist der Ort, ihm zu entgegnen: «Bezeichne den Geschmack einer Sache nicht als süß, wenn du nicht von ihr gekostet hast und trete die wahrheitsliebenden Menschen nicht mit Füßen.» Denn unser Mann hat nichts von dem getan, was er zu tun versprach. Wahrscheinlich haben der von ihm erwähnte Zeitmangel und die Unterbrechung seiner Arbeit durch die Reise nach Oran ihn daran gehindert. Vielleicht hat er aber auch gesehen, daß er, wenn er diesen Zustand beschriebe, sich dazu hinreißen lassen würde, Dinge zu sagen, die sich gegen ihn selber richteten und seiner üblichen Ermunterung entgegen wären, große Reichtümer zu erwerben, ja sie sich mit allen zur Verfügung stehenden Mitteln zu verschaffen.

Aber wir sind vom Thema, das wir behandeln sollten, weiter als nötig abgekommen.

Aus dem, was vorausgeht, erhellt deutlich, daß deine Bitte nur auf eines der beiden folgenden Ziele sich beziehen kann: Entweder willst du wissen, was die Menschen sehen, die sich der Schau, des Geschmacks erfreuen und die die Stufe der Vertrautheit mit Gott erreicht haben; aber das ist eine Sache, von der sich eine angemessene Vorstellung nicht in einem Buch geben läßt. Sobald man nämlich damit beginnt, sobald man sie mit gesprochenen oder geschriebenen Worten auszudrücken sucht, wandelt sich ihr Wesen und sie schlägt um in Spekulation: Hat sie sich einmal in Konsonanten und Vokale gekleidet, besitzt sie keinerlei Ähnlichkeit mehr mit dem, was sie war, und die Arten ihrer Auslegung weichen erheblich voneinander ab: Sind manche weit abgeirrt vom rechten Weg, so hat es bei anderen nur diesen Anschein. Das kommt daher, daß es um etwas geht, das endlos ist, ungeheuer, etwas, das einschließt, ohne eingeschlossen zu werden. Oder aber, und das ist das zweite der beiden Ziele, auf die sich, wie wir sagten, deine Bitte bezog, du willst dieser Sache mit Hilfe der spekulativen Methode näherkommen. Dies wäre etwas (möge Gotte dich mit Seinem vertrauten Umgang beehren!), das selbstverständlich in Büchern festgehalten und mit Worten ausgedrückt werden kann. Aber es ist seltener als der rote Schwefel, in der Gegend zumal, wo wir leben. Denn es ist so außergewöhnlich, daß in jeder Generation sich höchstens ein Mensch findet, der ein paar Stückchen davon einsammelt. Überdies haben jene, die einige Stückchen davon eingesammelt haben, nur in Rätseln mit andern darüber gesprochen, da die orthodoxe Religion, das Wahre Gesetz, verbietet, sich damit zu beschäftigen und davor warnt, es dennoch zu tun.

Glaube nicht, daß die Philosophie, die uns in den Schriften von Aristoteles, von Abu Nasr [Alfarabi] und in dem *Buch der Genesung* [des Ibn Sina] überliefert ist, einem Wunsch wie dem deinen genügen wird. Auch unter den Andalusiern findet sich niemand, der Befriedigendes darüber geschrieben hätte. Denn die überragenden Geister Andalusiens haben vor Ausbreitung der Philosophie und formalen Logik in diesem Land ihr Leben der mathematischen Wissenschaft gewidmet und darin einen hohen Grad von Vollendung erreicht; aber darüber hinaus vermochten sie nichts zu leisten. Auf sie folgte eine Generation, deren Vertreter unter anderem über gewisse Kenntnisse auf dem Gebiet der Logik verfügten: Sie beschäftigten sich zwar mit dieser Wissenschaft, aber sie führte sie nicht zur wahren Vollkommenheit. Einer von ihnen sagte:

Es bekümmert mich, daß
zweifach nur des Menschen Wissen ist:
Wahr das eine, doch schwer zu erreichen,
das andere falsch, vergeblich ohnegleichen.

Auf sie folgte eine Generation, die sich besser aufs Spekulieren verstand und der Wahrheit näher kam. Niemand aus ihr hatte einen durchdringenderen Verstand, war besser im Deduzieren und hatte einen schärferen Blick als Abu Bekr Mohammed ibn Jahja [Ibn Badja]. Die Angelegenheiten dieser Welt nahmen ihn jedoch so sehr in Anspruch, daß der Tod ihn hinwegraffte, bevor die Schätze seines Wissens ans Tageslicht gebracht und die Geheimnisse seiner Weisheit enthüllt werden konnten. Die meisten seiner Werke sind unvollendet und brechen plötzlich ab: zum Beispiel seine Bücher *Über die Seele* oder über *Die Leitung des Einsamen*, seine Schriften über die Logik und über die Naturlehre. Seine einzigen vollendeten Werke sind Auszüge und rasch hingeworfene kleine Traktate. Er bekennt das selbst, wenn er erklärt, die Abhandlung könne von der Behauptung, für die er in dem kleinen Traktat *Über die Verbindung* den Beweis zu liefern beabsichtige, nur um den Preis erschöpfender Mühe und Anstrengung eine klare Vorstellung vermitteln. Seine Darlegungen folgten stellenweise keiner vollkommenen Ordnung; er würde den Text gern umarbeiten, wenn er die Zeit dazu hätte. Dies ist alles, was wir über den Mann und seine Wissenschaft in Erfahrung bringen konnten, denn persönlich gekannt haben wir ihn nicht. Was seine Zeitgenossen anbelangt, die man als ihm ebenbürtig ansieht, so weiß ich von keinem Werk, das sie verfaßt hätten. Ihre Nachfolger jedoch, unsere Zeitgenossen, sind entweder noch in der Entwicklung begriffen oder vor Erreichen der Vollkommenheit stehengeblieben – vielleicht ist uns aber auch ihre wahre Bedeutung noch nicht zur Kenntnis gelangt.

Die meisten Bücher des Abu Nasr [Alfarabi], die auf unsere Zeit gekommen sind, handeln von der Logik. Jene über Philosophie enthalten viel Zweifelhaftes. In dem Buch *Die ideale Religion* versichert er, die Seelen der Lasterhaften würden nach dem Tode ewiger Qual ausgeliefert. In seinem *Musterstaat* erklärt er hingegen nachdrücklich, sie lösten sich auf und würden zu nichts, da nur die tugendhaften und vollkommenen Seelen zur Unsterblichkeit gelangen. In seinem *Kommentar zur Ethik des Aristoteles* schließlich geht er auf die Frage nach dem menschlichen Glück ein und sieht dessen Platz einzig in dieser Welt. Gleich danach fügt er die Worte hinzu, die ich hier sinngemäß wiedergebe: «Alles, was man sonst noch berichtet, ist Narrheit und Altweibermärchen.» Solcherart bringt er die Menschen dazu, an der göttlichen Barmherzigkeit zu verzweifeln. Er stellt – die Guten den Bösen gleich, denn ihm zufolge erwartet sie allesamt das Nichts. Unverzeihlicher Irrtum! Ein Fehltritt, der nicht wieder gutzumachen ist! Dazu die falschen Lehren über die Prophetengabe, die er der Einbildungskraft zuschlägt und der er die Philosophie vorzieht, wie noch manches andere, worauf wir nicht einzugehen brauchen.

Was die Schriften des Aristoteles anbelangt, so übernahm es Meister Abu Ali [Ibn Sina], uns ihren Inhalt zu erklären, und in seinem eigenen *Buch der Genesung* wandelt er auf den Spuren der Philosophie des Aristoteles, indem er dessen Lehre und Methode folgt. Gleich zu Anfang dieses Buches erklärt er, die Wahrheit liege für ihn nicht in den hier vorgetragenen Lehren; er habe sich beim Schreiben darauf beschränkt, das System der Peripathetiker wiederzugeben. Wer die reine Wahrheit wolle, müsse sie in seinem Buch über die *Metaphysik* suchen. Unterzieht man sich der Mühe, das *Buch der Genesung* des Aristoteles zu lesen, so wird man bemerken, daß sie in den meisten Fragen übereinstimmen, wenn auch das *Buch der Genesung* manches enthalten mag, das uns nicht unter dem Namen des Aristoteles überliefert ist. Versteht man jedoch alles das, was die Schriften des Aristoteles und das *Buch der Genesung* an Darlegungen enthalten, wörtlich und sucht man in ihnen nicht nach dem tieferen und geheimen Sinn, so wird man, wie Meister Abu Ali in dem *Buch der Genesung* warnt, nie zur Vollkommenheit gelangen.

Was die Werke von Meister Abu Hamid [Algazel] anbelangt, so bindet dieser Autor, wenn er sich an das niedere Volk wendet, an der einen Stelle und löst an der anderen; er verurteilt bestimmte Ansichten heute als Unglaube und erklärt sie morgen für zulässig. Unter all den Anklagen des Unglaubens, die er in seinem Buch *Zerstörung der Philosophen* gegen die Philosophie vorbringt, findet sich auch der Vorwurf, sie verneinte die Auferstehung des Leibes und behaupte, Lohn und Strafe beziehe sich ausschließlich auf die Seelen. Am Anfang des Buches über *Die Waage der Handlungen* sagt er dann, diese Auffassung werde ausdrücklich von den gelehrten Sufis vertreten: in seinem Buch *Befreiung von Irrtum und Übersicht über die ekstatischen Zustände* erklärt er schließlich, seine Ansichten stimmten mit denen der Sufis überein, denen er sich freilich erst nach langer Prüfung angeschlossen habe. In seinen Büchern finden sich viele Widersprüche dieser Art; jedem, der sie liest und sorgfältig studiert, fallen sie auf. Am Ende seines Buches *Die Waage der Handlungen* entschuldigt er sich sogar dafür, indem er sagt, es gebe drei Arten von Meinungen: Die eine äußere man, um sich dem Denken des niederen Volkes anzupassen; mit der anderen zeige man Verständnis, wenn jemand Fragen stellt und um Rat bittet; die dritte Meinung schließlich behalte man für sich und vertraue sie nur jemandem an, der der gleichen Überzeugung ist. Worauf er hinzufügt: «Wenn diese Worte nichts anderes bewirkten, als dich am Glauben deiner Väter zweifeln zu lassen, so wäre damit genug erreicht; denn wer nicht zweifelt, denkt nicht nach; wer nicht nachdenkt, erlangt keine Einsichten, und wer keine Einsichten erlangt, verharrt in Blindheit und Verwirrung.» Dann verdeutlicht er dies mit den Versen:

Vergiß, was du gehört; was du siehst, darauf hab acht –
Denn was soll dir Saturn, wenn die Sonne dir lacht.

Diese Art, seine Gedanken darzulegen, ist charakteristisch für ihn: Meistens beschränkt er sich darauf, Rätsel und vage Hinweise zu geben, von denen nur diejenigen einen Gewinn haben, die sich eingehend mit ihnen beschäftigen und sie dann noch von ihm erklärt bekommen. Oder muß es jemand sein, der entsprechend gerüstet ist, ein überlegener Geist, dem der kleinste Fingerzeig genügt. In seinem *Buch der Kleinodien* läßt der gleiche Autor den Leser wissen, er habe gewisse esoterische Bücher geschrieben, die die reine Wahrheit enthielten; doch keines von ihnen ist unseres Wissens nach Andalusien gelangt. Ihren Weg dorthin haben zwar einige Schriften gefunden, von denen manche behaupten, sie seien diese esoterischen Bücher, doch damit ist es nichts. Es handelt sich lediglich um das Buch von den *Geistigen Erkenntnissen* und das Buch von der *Einhauchung und Vollendung* sowie eine Sammlung von allerlei Untersuchungen. Auch wenn diese Bücher manche Anspielung enthalten, geben sie keinerlei Aufschlüsse, die wesentlich hinausreichten über jene, die sich in seinen besser bekannten Werken verstreut finden. Überdies ist das Buch vom *Höchsten Zweck* schwerer verständlich als die Schriften. Wenn er dennoch erklärt, *Höchster Zweck* sei kein esoterisches Buch, so ergibt sich zwangsläufig hieraus, daß die Schriften, die auf uns gelangt sind, keine esoterischen Schriften sind. Gewisse neuere Kommentatoren glauben aus dem, was Abu Hamid [Algazel] am Ende des Buches *Eine Lampe für die Lichter* sagt, einen schwerwiegenden Schluß ziehen zu müssen, der geeignet sein könnte, es in einen Abgrund zu stürzen, aus dem keine Rettung möglich ist: Es handelt sich um die Stelle, wo zunächst die verschiedenen Arten von Menschen aufgezählt werden, die der (göttlichen) Erleuchtung entbehren, und dann jene, die zur Vereinigung mit Gott gelangt sind. Anschließend heißt es, letztere stellten fest, daß dieses Wesen ein Attribut besitze, das unvereinbar sei mit der reinen Einheit. Der Kommentator will hieraus ableiten, daß Abu Hamid [Algazel] zufolge das Erste, Wahre und Herrliche Wesen in seiner Essenz eine gewisse Vielheit zulasse (Gott steht weit über dem, was die Gottlosen sagen!). Wir zweifeln nicht daran, daß Meister Abu Hamid [Algazel] zu jenen gehört, die sich höchster Glückseligkeit erfreuen und diese erhabenen Stufen der Vereinigung mit Gott erreicht haben. Aber seine esoterischen Schriften, die die Lehre von der ekstatischen Erkenntnis enthalten, sind uns nicht überliefert.

Was nun uns selber anbelangt, so konnten wir die Wahrheit, zu der wir gelangt sind, und die die Grenze unseres Erkennens bedeutet, nur dadurch freilegen, daß wir sorgfältig seinen und des Meister Abu Ali [Ibn Sina] Worten nachgingen. Wir haben sie nebeneinander und gegeneinander gehalten und in Beziehung gesetzt zu Auffassungen von Zeitgenossen, die von all denen mit Beifall und Begeisterung aufgenommen wurden, die sich mit Philosophie beschäftigen. Es ging uns also darum, die Wahrheit zunächst auf dem Weg spekulativer Forschung zu entdekken und sodann in ekstatischer Schau aufs neue zu diesem wohltuenden Geschmack vorzustoßen. Nun, schien uns, wir wären solcherart in der Lage, etwas zu sagen, das man dankbar aufnehmen würde; und wir entschieden, daß du der erste sein solltest, dem wir, seiner unverbrüchlichen Freundschaft und aufrichtigen Zuneigung wegen, zum Geschenk machen würden, was wir besitzen. Würden wir dir allerdings die letzten Ergebnisse, zu denen wir auf diesem Weg gelangt sind, im einzelnen darlegen, ohne zuvor deine ersten Schritte abgesichert zu haben, so wäre das Ganze für dich von keinem größeren Nutzen als eine traditionelle, summarisch formulierte Regel. Es wäre genauso, wie wenn du uns nur unserer engen Freundschaft wegen beipflichtest und nicht weil wir verdienen, daß man uns Glauben schenkt. Doch wir wollen uns nicht mit diesem Niveau für dich bescheiden und werden erst dann zufrieden sein, wenn du höher hinaufsteigst, denn es sichert keineswegs das Heil und schon gar nicht den Zugang zu höheren Stufen. Unser Wunsch ist, dich solche Wege zu führen, die wir vor dir gegangen sind, dich in einem Meer schwimmen zu lassen, das wir selber durchquert haben, damit du dahin gelangst, wohin wir gelangt sind; damit du siehst, was wir gesehen; damit du selber all das herausfindest, was wir herausgefunden haben, und darauf verzichten kannst, dein Wissen zum Sklaven des unseren zu machen. Doch dergleichen verlangt nicht wenig Zeit, Muße und ausschließliche Hinwendung zu dieser Art von Übung. Wenn du ernsthaft diesen Beschluß faßt, wenn du die feste Absicht hast, dich an die Arbeit zu machen, um dieses Ziel zu erreichen, wirst du des Morgens deine nächtliche Reise preisen, wirst du von Gott den Lohn für deine Mühen empfangen, wirst du deinen Herrn zufrieden gestellt haben und nicht weniger er dich. Und ich, ich werde deine Erwartungen erfüllen: Ich werde dich den geradesten, von Unfällen und Hindernissen freitesten Weg führen, auch wenn es mir gegenwärtig nur gegeben ist, einen schwachen Schimmer zu gewahren, als Anreiz und Ermutigung, aufzubrechen. Ich werde dir also die Geschichte erzählen von Hajj ibn Jaqzan, Asal und Salaman, denen Meister Abu Ali [Ibn Sina] ihre Namen gab. Jenen als Beispiel, die zu begreifen vermögen, als «Ermahnung jedem, der ein verständiges Herz hat oder ein aufmerksames Ohr und dessen forschendes Auge stets bereit ist.»

Unsere tugendhaften Vorfahren (möge Gott ihrer zufrieden sein!) berichten, daß auf einer der unter dem Äquator gelegenen indischen Inseln Menschen ohne Mutter und Vater geboren werden. Da diese Insel ihr Licht vom höchstgelegenen Teil des Himmels empfängt, erfreut sie sich der ausgeglichensten und der vollkommensten Temperatur der Erde. Allerdings widerspricht dies den Ansichten der meisten Philosophen und der großen Ärzte, wonach die ausgeglichensten Temperaturen im vierten der sieben

Klimate zu finden sind. Haben sie dies gesagt, weil ihnen erwiesen schien, daß örtlicher bedingter Hindernisse wegen unter dem Äquator kein bewohntes Land liegt, so mag ihre Versicherung, das vierte Klima sei von allen das beständigste, irgendwie vernünftig klingen. Wollten sie damit jedoch sagen, die unter der Äquatoriallinie gelegenen Länder seien übermäßig heiß, wie dies die meisten von ihnen nachdrücklich getan haben, so ist das ein Irrtum, denn das Gegenteil läßt sich beweisen.

Die Naturwissenschaften liefern tatsächlich den Beweis dafür, daß nur Bewegung, die Berührung warmer Körper oder das Licht Wärme hervorbringen. Diese Wissenschaften zeigen auch, daß die Sonne ohne Eigenwärme ist, über keine der Eigenschaften verfügt, wie Temperatur sie hat. Außerdem liefern sie den Beweis dafür, daß lichtempfindlich in erster Linie glatte, nicht durchscheinende Körper sind, in zweiter Linie durchscheinende, nicht glatte und daß die durchscheinenden, von Undurchsichtigkeit völlig freien Körper überhaupt kein Licht aufnehmen. Dies alles beweist Meister Abu Ali. Der Beweis ist sein Eigentum, da von denen, die ihm vorangingen, keiner ihn erwähnt. Sind diese Voraussetzungen richtig, so folgt zwangsläufig daraus, daß nicht die Sonne die Erde erwärmt, wie warme Körper andere Körper, mit denen sie in Berührung kommen, denn die Sonne als solche ist ohne Wärme. Es trifft auch nicht zu, daß die Erde sich durch Bewegung erwärmt, denn sie ist unbeweglich, verharrt bei Sonnenauf- und -untergang unverändert an der gleichen Stelle, obwohl wir die Gegensätzlichkeit von Erwärmung und Abkühlung jeweils deutlich empfinden. Genausowenig trifft es zu, daß die Sonne durch die an die Luft abgegebene Wärme zuerst die Luft und dann die Erde erwärmt. Wie wäre das möglich, da wir doch die Luftschichten, die zur Zeit der Hitze der Erde nahe waren, weit wärmer finden als die Luftschichten, die weiter weg von ihr sind? Mithin erfolgt die Erwärmung der Erde durch die Sonne mithilfe des Lichts und nicht anders. Denn stets begleitet die Wärme das Licht, so daß dieses, wird es in einem Brennspiegel aufgefangen, einen Gegenstand in Brand setzt, den man vor es hinstellt. Zudem wird in den mathematischen Wissenschaften mit unumstößlicher Beweisführung dargetan, daß Sonne und Erde von sphärischer Gestalt sind, daß die Sonne viel größer ist als die Erde, daß mehr als die Hälfte der Erde beständig von der Sonne beschienen wird, und daß der Teil, der das intensivste Licht erhält, jederzeit die Mitte ist, weil sie stets am weitesten vom Dunkel entfernt ist und der Sonne eine ansehnliche Oberfläche zukehrt. Die näher der

Peripherie zu liegenden Teile sind weniger hell und verlieren sich schließlich am Rande des Kreises, der den erleuchteten Teil der Erde bildet, im Dunkel. Nur wenn die Sonne im Zenith steht, rückt eine bestimmte Stelle in den Mittelpunkt des Lichtkreises: die Hitze ist dann denkbar heftig. Hat sich die Sonne vom Zenith entfernt, wird es dort sehr kalt; erreicht die Sonne ihren Höhepunkt in der Nähe des Zenith, ist die Hitze dort extrem. Nun liefert die Astronomie allerdings den Beweis dafür, daß in den Gegenden unter dem Äquator die Sonne nur zweimal im Jahr im Zenith steht: wenn sie ins Zeichen des Widders und wenn sie ins Zeichen der Waage eintritt. Das restliche Jahr über ist sie für sechs Monate im Süden und für sechs Monate im Norden. Man spürt dann weder übermäßige Wärme, noch übermäßige Kälte und erfreut sich folglich eines spürbar gleichförmigen Klimas. – Diese Theorie bedürfte noch längerer Erklärungen, die jedoch den gegebenen Rahmen sprengen würden. Nur deshalb haben wir auf sie aufmerksam gemacht, weil sie dazu beiträgt, die Wahrheit der oben erwähnten Behauptung zu bestätigen, daß nämlich in diesem Landstrich Menschen ohne Mutter und Vater auf die Welt kommen können.

Einige behaupten nun geradezu, Hajj ibn Jaqzan sei einer von denen, die in dieser Gegend ohne Mutter und Vater geboren sind. Andere aber verneinen dies und erzählen seine Geschichte, wie wir sie jetzt wiedergeben werden.

Sie sagen, gegenüber jener Insel habe eine andere große, fruchtbare und volkreiche Insel gelegen. Über sie herrschte als König ein Mann des Landes, von hochfahrendem und mißgünstigem Charakter. Dieser König hatte eine Schwester, die er daran hinderte, sich zu verheiraten. Alle Bewerber hielt er von ihr fern: in keinem sah er eine angemessene Partie. Nun hatte sie aber einen Nachbarn namens Jaqzan, der sie heimlich heiratete, wie die damals geltenden religiösen Vorschriften des Landes es gestatteten. Sie wurde schwanger von ihm und gebar einen Knaben. Weil sie fürchtete, die Sache könne ruchbar und ihr Geheimnis entdeckt werden, legte sie das Neugeborene, nachdem sie ihm die Brust gereicht hatte, in ein Kästchen und verschloß es sorgfältig. Nach Einbruch der Nacht begab sie sich, von Dienern und verläßlichen Freunden begleitet, mit ihm zum Meeresufer. Das Herz schwer von Liebe und Furcht, sagte sie ihm dort Lebewohl. «O Gott», rief sie aus, «du hast dieses Kind aus dem Nichts geschaffen; du hast es im Dunkel meines Leibes ernährt, und du hast dich um es gekümmert, bis es geformt und vollendet war. Aus Furcht vor dem ungerechten, hochmütigen, starrsinnigen König

empfehle ich es deiner Güte, und ich vertraue darauf, daß du ihm wohlgesinnt bist. Sei ihm eine Stütze und verlaß es nicht, du Allerbarmherzigster!» Darauf übergab sie das Kästchen der See. Die Strömung erfaßte es und trug es während der Nacht an das Ufer der Insel, von der weiter oben die Rede war.

Dort erreichte die Flut gerade jetzt einen Punkt, bis zu dem sie nur einmal im Jahr vorzudringen pflegte. Die Strömung schob das Kästchen tief in ein Dickicht, an eine Stelle, die bedeckt war mit einem weichen Teppich, vor Wind und Regen geschützt, beschirmt vor der Sonne, «deren Strahlen es nicht durchdringen konnten, weder wenn sie auf-, noch wenn sie unterging.» Als das Wasser wieder abzufließen begann, blieb das Kästchen zurück, und die Sandmassen schlossen nach und nach den Eingang zum Dikkicht, so daß die Flut von nun an keinen Zugang mehr hatte.

Es fügte sich, daß die Flut das Kästchen gerade in dem Augenblick ins Dickicht spülte, als die Nägel nachgegeben und die Bretter sich gelokkert hatten. Von Hunger gequält, begann das Kind zu weinen; es stieß Schreie aus und fing an zu zappeln. Seine Stimme drang an das Ohr einer Gazelle, die ihr Junges verloren hatte. Sie folgte dem Klang, weil er ihr bekannt vorkam, und gelangte zu dem Kästchen. Mit ihren Hufen suchte sie es zu öffnen, während das Kind von innen nachhalf, so daß sich im Deckel schließlich ein Brett löste. Von Mitleid und Zuneigung überwältigt, bot die Gazelle dem Kind das Euter und ließ es trinken nach Herzenslust. Immer wieder kehrte sie zu ihm zurück, ernährte es und wachte darüber, daß ihm kein Leid geschah. So wird der Anfang seiner Geschichte von jenen erzählt, für die eine Geburt ohne Mutter und Vater undenkbar ist. Wir werden weiter unten schildern, wie der Knabe erzogen wurde und welche Fortschritte er nach und nach machte, bis er zur höchsten Vollkommenheit gelangte.

Was jedoch jene anbelangt, die ihn ohne Mutter und Vater geboren sein lassen, so bieten sie die folgende Version: Es gab auf dieser Insel eine Bodensenke, wo der Lehm im Laufe der Jahre zu gären begonnen hatte. Als Folge davon verbanden sich Wärme und Kälte, Feuchtigkeit und Trockenheit zu gleichen Teilen und bildeten eine Art Gleichgewicht. Von diesem gegorenen Lehm waren große Mengen vorhanden, und bestimmte Teile waren allein schon durch ihre günstige Zusammensetzung und die Befähigung, Samenfeuchte zu bilden, den andern überlegen. Es war vor allem der Kern dieser Lehmmasse, der das genaue Gleichgewicht und die vollkommene Ähnlichkeit mit der menschlichen Zusammensetzung bot. Dieser Teil begann zu arbeiten und brachte mit zunehmender Klebrigkeit Blasen hervor, wie sie beim Kochen entstehen. Dann bildete sich in der Mitte dieser Lehmmasse eine sehr kleine Blase, die durch eine dünne Scheidewand in zwei Teile geteilt war und einen feinen, luftförmigen, ganz ebenmäßigen und genau das passende Gleichgewicht bietenden Körper enthielt. Hierauf geschah es, daß «die Seele, die von Gott ausgeht», sich mit diesem zu einer so engen Verbindung zusammenschloß, daß Sinne und Verstand Mühe haben, sie zu scheiden.

Denn es ist offensichtlich, daß diese Seele ohne Unterlaß und in Überfülle ausfließt von Gott, dem Mächtigen und Großen. Sie ist vergleichbar dem Sonnenlicht, das sich ohne Unterlaß und in Fülle über die Welt verbreitet. Einen Körper gibt es, der dieses Licht nicht zurückwirft: die äußerst durchsichtige Luft. Andere Körper werfen es teilweise zurück: die undurchsichtigen, nicht glatten Körper, und aus den vielfältigen Weisen, wie sie das Licht zurückwerfen, ergibt sich die Vielfältigkeit ihrer Farben. Andere schließlich werfen das Licht in höchstem Grade zurück: die glatten Körper, die wie Spiegel oder dergleichen sind. Weisen die Spiegel eine ganz bestimmte Innenwölbung auf, so läßt die Bündelung der Lichtstrahlen Feuer darin entstehen. Das gleiche gilt für die Seele: Ausfließend aus

Gott verteilt sie sich stets in Fülle über alle Wesen. Doch in manchem fehlt jede Spur davon, weil es der Anlage dazu ermangelt: dies sind die anorganischen, unbelebten Körper; sie entsprechen der Luft im obigen Beispiel. Anderes, wie die verschiedenen Pflanzenarten, weist seiner Beschaffenheit entsprechende Spuren davon auf; sie gleichen den undurchsichtigen Körpern im genannten Beispiel. Wieder anderes weist sie auf im hohen Grade: die verschiedenen Tierarten, die den glatten Körpern in unserem Beispiel entsprechen. Und wie es schließlich bestimmte glatte Körper gibt, die nicht nur die Sonnenstrahlen vortrefflich zurückzuwerfen, sondern auch ein der Sonne entsprechendes Bild hervorzubringen vermögen, so finden sich Tiere, die außer ihrer hervorragenden Fähigkeit, die Seele zu empfangen und kundzutun, diese widerspiegeln und ihre Form annehmen: dies sind sozusagen die Menschen, worauf auch der Prophet (Gott möge ihn mit Gnade überhäufen und ihm das Heil gewähren!) anspielt, wenn er sagt: «Gott schuf Adam nach seinem Ebenbilde.» Wenn es schließlich geschieht, daß diese Form im Menschen so beherrschend wird, daß alle anderen Formen zu Nichts vor ihr werden, sie einzig bleibt in ihrer Art und der erhabene Glanz ihres Lichts alles rings umher verzehrt, dann gleicht sie einem Hohlspiegel, der alle anderen Körper in Brand setzt. Dergleichen aber geschieht nur bei den Propheten (der Segen des Herrn sei über ihnen!). Alles dies ist bis ins Einzelne dargelegt in den entsprechenden Schriften.

Doch hören wir weiter, was jene berichten, die diese Art von Schöpfung beschreiben.

Sobald sich diese Seele, sagen sie, in diesem Gefäß festgesetzt hatte, unterwarfen sich ihr auf Befehl Gottes alle Vermögen und beugten sich völlig. Alsdann bildete sich gegenüber diesem Gefäß eine andere Blase. Sie bestand aus drei durch dünne, poröse Scheidewände abgetrennten Zellen, die angefüllt waren mit einer luftartigen Masse ähnlich jener im ersten Gefäß, auch wenn sie irgendwie feiner war. Und in diesen drei Zellen des Gefäßes wohnte ein Teil der Vermögen, die sich der ersten Seele unterworfen hatten. Sie hatten den Auftrag, sie zu beschützen, sie zu erhalten und alle Veränderungen, die erfolgten, kleine wie große, der im ersten Gefäß befindlichen Seele zu vermelden.

Außerdem bildete sich gegenüber diesem ersten Gefäß und in entgegengesetzter Richtung zum zweiten eine dritte Blase, angefüllt mit einer luftförmigen Masse, doch einer gröberen als in den beiden ersten. In diesem Gefäß ließen von den der Seele untergeordneten Vermögen jene sich nieder, die den Auftrag hatten, es zu beschützen und zu erhalten.

Dieses erste, dieses zweite, dieses dritte Gefäß bildete sich also in der oben erwähnten Reihenfolge zunächst aus dem Lehm. Eines bedurfte der Hilfe des andern: das erste bedurfte der beiden andern, um sich von ihm bedienen und den Willen erfüllen zu lassen, und diese wiederum des ersten wie der Beherrschte des Herrschers und der Gelenkte des Lenkers bedarf. Alle drei waren im Hinblick auf die später gebildeten Organe Herrscher und nicht Beherrschte, und eines von beiden, das heißt das zweite, war dem dritten an Macht überlegen.

Das erste der drei nahm, als die Seele sich mit ihm vereinigt hatte und seine Hitze glühend geworden war, die Gestalt kegelförmigen Feuers an. Auch der dichte Körper, der es umgab, nahm diese Gestalt an und wurde zu einer festen Fleischmasse, die sich mit einer häutchenhaften Schutzhülle überzog. Das Ganze dieses Organs erhielt den Namen «Herz». Da Hitze zur Auflösung und Verzehrung der Säfte führt, mußte dieses Organ etwas haben, das es erhielt, es nährte und ihm ständig erneuerte, was es verlor, sonst hätte es nicht fortbestehen können. Außerdem mußte es wahrnehmen nicht allein, was ihm angemessen war, um es sich zu beschaffen, zugleich auch was ihm entgegen war, um es zu meiden. Mit Hilfe der Vermögen, deren Sitz es war, und die im Herzen ihren Ursprung hatten, übernahm es das eine der beiden anderen Organe, für das eine dieser Bedürfnisse zu sorgen, und das andere Organ übernahm es, für das andere Bedürfnis zu sorgen. Dasjenige, welches sich der Wahrnehmung annahm, war das Hirn; dasjenige, welches für den Unterhalt sorgte, war die Leber. Das eine wie das andere bedurften übrigens des Herzens als Spender von Wärme und besonderen Vermögen. Damit diese verschiedenen Anforderungen erfüllt werden konnten, entstand zwischen den Organen ein Netz von Gängen und Wegen, von denen die einen größer waren als die andern, gerade so wie die Notwendigkeit es erforderte. Solcherart bildeten sich Arterien und Venen.

Die Anhänger dieser Version beschreiben die Ausformung des ganzen Organismus und aller seiner Teile dann genauso, wie das die Physiologen mit der Bildung des Foetus im Mutterleib tun. Nichts lassen sie aus, bis die Entwicklung des Organismus und seiner Teile vollendet ist und bis zu dem Augenblick, da der Foetus bereit ist, den Mutterleib zu verlassen. Für alle ihre Darlegungen nehmen sie Zuflucht zu dieser erwähnten großen Masse gärenden Lehms, die ihrer Meinung nach fähig ist, all das zu leisten, was für die Bildung des menschlichen Organismus, der Schutzhüllen des Foetus etc. erforderlich ist. Als dieser dann ausgebildet gewesen sei, hätten sich die Hüllen wie bei Geburtwehen gelöst, und was von Lehm noch übrig war, sei als Folge der Trockenheit abgebröckelt. Der Nahrung beraubt und von Hunger geplagt, habe das Kind in seiner Angst alsbald zu schreien begonnen. Eine Gazelle, die ihr Junges verloren hatte, sei daraufhin erschienen und habe sich seiner angenommen.

Von hier an und was die Aufzucht des Kindes anbelangt, stimmen die Anhänger der zweiten Version mit jenen der ersten überein. Da die Gazelle, die sich seiner angenommen hatte, sagen sie übereinstimmend, reichlich saftige Weide fand, sei sie fett geworden und habe Milch im Überfluß gehabt und das Kind aufs beste zu versorgen vermocht. Stets blieb sie in seiner Nähe und ließ es nur dann allein, wenn sie auf die Weide gehen mußte. So sehr gewöhnte das Kind sich an die Gazelle, daß es, wenn diese einmal länger fortblieb, in Tränen ausbrach, worauf sie auch schon herbeieilte. Es gab übrigens auf der Insel keinerlei gefährliche Tiere. Das Kind wurde größer und kräftiger, genährt von der Milch der Gazelle. Als es zwei Jahre alt war, lernte es laufen und bekam Zähne. Es folgte der Gazelle überallhin, und diese erwies ihm dankbar jede Fürsorge und Zärtlichkeit. Sie führte es an Plätze, wo fruchttragende Bäume wuchsen, und ließ es von den herabgefallenen Früchten essen, sobald diese sich süß und reif gaben. Waren ihre Schalen hart, zerbiß sie sie mit den Zähnen. Verlangte das Kind wieder nach ihrem Euter, bot sie ihm zu trinken. Hatte es Durst und wollte Wasser, führte sie es zur Quelle. Setzte ihm die Sonne zu, geleitete sie es in den Schatten; war ihm kalt, so wärmte sie es. Jedesmal wenn die Nacht hereinbrach, brachte sie den Knaben zurück zu seinem ersten Unterschlupf, wo sie ihn mit ihrem Körper und den Federn aus dem Kästchen beschützte. Des Morgens und des Abends folgte sie gewöhnlich einem Rudel Gazellen, ging mit ihnen zur Weide und kehrte mit ihnen zurück zum Nachtlager. Da der Knabe solcherart fortwährend mit Gazellen zusammen war, konnte er bald auch ihre Laute täuschend nachahmen. Selbst die Stimmen der Vögel und anderer Tiere, die er hörte, ahmte er recht genau nach. Doch am häufigsten imitierte er die Stimme der Gazellen, wenn sie um Hilfe rufen oder zur Gesellschaft locken oder wenn sie nach etwas verlangen oder vor Gefahr warnen. Denn die Tiere haben für jede dieser Gelegenheiten eine eigene Stimme. Sie kannten einander, die Tiere und er, und sie behandelten einander nicht wie Fremde. Sobald sich von den Dingen, die er nicht mehr unmittelbar wahrnahm, Bilder in seinem Geist festgesetzt hatten, erweckten die einen in ihm Verlangen, die andern hingegen Abneigung.

Inzwischen beobachtete er alle Tiere und sah, daß sie mit Haaren, Wolle oder Federn bedeckt waren. Er bemerkte ihre Schnelligkeit im Laufen, ihre Stärke, die Waffen, über die sie verfügten, um sich gegen ihre Feinde zu wehren, wie Hörner, Zähne, Hufe, Sporne und Krallen. Betrachtete er dann sich selbst, so fand er sich nackt, ohne Waffen, schwerfällig im Laufen und schwach an Kräften, wenn Tiere ihm Früchte streitig machten, sie ihm wegnahmen und ihm schadeten: Weder vermochte er sie zurückzustoßen noch ihnen zu entrinnen. Er sah, daß seinen Gefährten, den kleinen Gazellen, Hörner wuchsen, die er zuvor nicht gesehen hatte; er sah, wie schnell sie jetzt laufen konnten, nachdem sie so langsam gewesen waren. Aber an sich selbst bemerkte er nichts dergleichen. So tief er auch über alles nachdachte, den Grund dafür fand er nicht. Auch unter den mißgestalteten oder kranken Tieren entdeckte er nicht eines, das ihm glich. Betrachtete er die Öffnungen, die den Ausscheidungen vorbehalten sind, so waren sie bei allen Tieren geschützt. Schieden sie Festes aus, bedeckte sie ein Schwanz, war es flüssig, so Haare oder Wolle. Zudem lagen ihre Schamteile versteckter als die seinen. Alle diese Feststellungen waren ihm peinlich und betrübten ihn.

Seine Traurigkeit hielt lange an. Fast sieben

Jahre war er alt, als er, verzweifelt darüber, daß solche natürlichen Vorzüge bei ihm sich nicht einstellen wollten, große Baumblätter nahm, sich einige hinten und einige vorne anlegte und sie mit einem Gürtel aus Palmblättern und Alfagras festband. Doch nicht lange, und diese Blätter welkten; sie trockneten und fielen ab. Er pflückte sich andere und ordnete sie in mehreren Lagen übereinander. Sie erwiesen sich zwar als dauerhafter, hielten aber nie für lange Zeit. Aus Ästen fertigte er sich Stöcke, spitzte sie an den Enden und machte sie ganz glatt. Diese schwang er gegen die Tiere, mit denen er zu kämpfen hatte; die schwächeren griff er an, der stärkeren erwehrte er sich. Auf diese Weise gewann er eine gewisse Vorstellung von dem, wessen er fähig war, und begriff, daß seine Hände den vorderen Gliedern der Tiere überlegen waren; denn mit ihrer Hilfe konnte er seine Blöße bedecken, sich Stöcke zur Verteidigung schnitzen, so daß er nicht länger natürliche Waffen oder den ersehnten Schwanz brauchte.

Währenddessen wuchs er und überschritt das siebte Lebensjahr. Aber er wurde es müde, die Blätter zu erneuern, mit denen er sich bedeckte. Das brachte ihn auf den Gedanken, sich den Schwanz eines toten Tieres zu beschaffen und an sich zu befestigen. Er zögerte jedoch, dies zu tun, weil er bemerkt hatte, daß die lebenden

Tiere die Kadaver ihrer toten Artgenossen meiden und fliehen. Bis er eines Tages auf einen toten Adler stieß und sein Vorhaben ausführen konnte. Da er sah, daß die Tiere sich nicht beunruhigten, nutzte er die Gelegenheit, ging zu dem Vogel hin, trennte die beiden Flügel und den Schwanz gerade so, wie sie waren, in einem Stück ab und spreizte deren Federn auf gleichmäßige Weise. Alsdann zog er dem Tier den restlichen Balg ab und teilte ihn in zwei Hälften, von denen er sich die eine auf dem Rücken, die andere unterhalb des Nabels befestigte. Als letztes hängte er sich den Schwanz hinten und die beiden Flügel oben an die Arme. Damit verfügte er über eine Art Kleidung, die ihn nicht nur bedeckte und warm hielt, sondern die auch all den anderen Tieren Furcht vor ihm einflößte. Keines von ihnen dachte noch länger daran, den Kampf mit ihm zu suchen oder ihm Widerstand zu leisten. Nur die Gazelle, die ihn gesäugt und aufgezogen hatte, traute sich noch in seine Nähe. Die beiden waren unzertrennlich: Weder wich sie von seiner Seite noch er von der ihren.

Schließlich wurde die Gazelle alt und schwach. Er geleitete sie auf saftige Weiden und pflückte wohlschmeckende Früchte für sie. Doch ihre Schwäche und Auszehrung nahm zu, und zuletzt trat der Tod ein: Alle ihre Bewegungen und Handlungen kamen zu völligem Stillstand. Als er sie in diesem Zustand sah, war er ganz fassungslos, fast wäre er vor Schmerz gestorben. Er lockte sie mit dem Ruf, auf den sie sonst immer geantwortet hatte, schrie aus Leibeskräften, ohne indessen eine Regung oder Veränderung an ihr wahrzunehmen. Ihre Ohren, ihre Augen untersuchte er, doch kein Schaden ließ sich erkennen. Desgleichen untersuchte er alle ihre Glieder, ohne freilich eines zu finden, das beschädigt war. Er hoffte sehnlichst, die Stelle zu entdekken, wo das Übel saß, so daß er sie davon befreien und ihren alten Zustand wiederherstellen könnte. Aber nichts von all dem wollte ihm gelingen, und er war unfähig, ihr zu helfen.

Auf den Gedanken, er könne ihr Hilfe bringen, war er durch eine Erfahrung gekommen, die er schon an sich selber gemacht hatte: Er hatte bemerkt, daß er, schloß oder bedeckte er seine Augen, solange nichts sah, bis dieses Hindernis verschwand. Auch wenn er sich die Ohren mit seinen Fingern verstopfte, konnte er so lange nichts hören, bis dieses Hindernis beseitigt war. Und hielt er sich die Nase zu, roch er so lange nichts, bis die Öffnungen wieder frei waren. Er schloß daraus, daß nicht allein seine Sinne, sondern alle seine Körperfunktionen gehemmt werden konnten, und daß alles wieder normal wäre, so die Hindernisse verschwanden. Als er alle äußeren Organe der Gazelle untersucht hatte, ohne irgendein sichtbares Hindernis zu finden, sich andererseits aber einem allgemeinen, den ganzen Körper lähmenden Stillstand gegenübersah, dämmerte es ihm, daß der Grund dafür in einem dem Auge nicht sichtbaren, im Inneren des Körpers verborgenen Organ liegen müsse. Offenbar konnten die äußeren Organe nicht ohne es funktionieren, so daß der Schaden allgemein ist, wenn dieses Organ verletzt wird, und völliger Stillstand eintritt. Könnte er dieses Organ also entdecken, von ihm entfernen, was immer es befallen hätte, so würde es wieder zu seinem früheren Zustand zurückkehren, aufs neue seinen wohltätigen Einfluß auf den übrigen Körper ausüben, und alle körperlichen Funktionen gingen wieder ihren gewohnten Gang.

Schon früher hatte er an den Kadavern wilder und anderer Tiere beobachtet, daß alle Körperteile bis auf Hirnschale, Brust und Bauch fest und ohne Höhlung sind. Es kam ihm daher der Gedanke, das gesuchte lebenswichtige Organ müsse sich an einer dieser drei Stellen befinden; die Überzeugung festigte sich in ihm, es liege im mittleren der drei Organe. Da alle Organe seiner bedürfen, hatte es seinen Sitz gewiß in der Mitte. Zudem konnte er das Vorhandensein eines solchen Organs in seiner eigenen Brust fühlen. Ging er darüber hinaus seine andern

Organe wie Hand, Fuß, Ohr, Nase, Auge der Reihe nach durch, so konnte er sie sich unabhängig vom Körper vorstellen. Hieraus schloß er, daß er auch ohne sie auszukommen vermöchte. Sogar ohne Kopf konnte er sich sein eigenes Ich vorstellen: Er dachte deshalb, daß er ohne ihn fortbestehen könnte. Aber während er nachgrübelte über das Ding, das er in seiner Brust fühlte, glaubte er, auch nicht für einen Augenblick ohne es leben zu können. Eine vage Vorstellung von dem, was seine Brust enthielt, ließ ihn wohl bei seinen Kämpfen mit wilden Tieren darauf achten, daß dieser Teil seines Körpers nicht dem Stoß ihrer Hörner ausgesetzt wurde.

Als er zu der Überzeugung gelangt war, nur in der Brust der Gazelle könne das verletzte Organ zu finden sein, nahm er sich vor, den Versuch zu machen, zu ihm hinzugelangen und es zu überprüfen. Vielleicht könnte er die Verletzung finden und zum Verschwinden bringen. Noch immer fürchtete er, sein Tun möchte die Gazelle noch mehr gefährden und sein Eifer eher Schaden als Nutzen stiften. Deswegen suchte er sich zu erinnern, ob er irgendein wildes oder anderes Tier in einen solchen Zustand habe verfallen und sich davon erholen sehen. Doch außerstande, ein Beispiel zu finden, kamen ihm Zweifel, ob sich ihr Zustand je wieder normalisieren würde, wenn er sie aufgäbe; andererseits bliebe ihm doch Grund zur Hoffnung auf Wiederherstellung, wenn er das fragliche Organ finden und von seinem Übel befreien könnte. Er beschloß also, ihr die Brust aufzuschneiden, um nachzusehen, was darin wäre.

Mit harten Steinsplittern und trockenen Schilfrohrspänen, die messerscharf waren, schlitzte er die Brust der Gazelle zwischen den Rippen auf, durchschnitt das Fleisch und stieß schließlich unterhalb der Rippen auf die Lungenhülle. Als er sah, wie dick sie war, redete er sich ein, sie könne nur zu dem gesuchten Organ gehören. Dränge er noch weiter vor, würde er es gewiß finden. Wie er diese Hülle jedoch zu durchschneiden suchte, erwies sich das als schwierig, weil ihm die nötigen Instrumente fehlten. Er nahm sich deshalb Steine und Schilfrohr noch einmal vor und schärfte sie. Mit großer Sorgfalt durchschnitt er dann die Hülle und legte die Lunge frei. Zunächst hielt er sie für das, was er suchte. Lange besah er sie von allen Seiten, um herauszufinden, wo sie beschädigt war. Aber was er jetzt vor sich hatte, war lediglich ein Flügel der Lunge. Schließlich fiel ihm auf, daß dieser Gegenstand sich nach der einen Seite hin krümmte, während er doch davon überzeugt war, daß das gesuchte Organ genau in der räumlichen Mitte des Körpers lag. So fuhr er fort, in der Brusthöhlung zu suchen, bis er das Herz fand. Es stak in einer sehr dicken Hülle, war festgemacht mit sehr starken Bändern und auf der Seite, wo er eingedrungen war, von der Lunge umschlossen. «Wenn dieses Organ,» sagte er sich, «auf der anderen Seite so beschaffen ist wie hier, dann liegt es wirklich genau in der Mitte und muß das Organ sein, das ich suche; zumal seine Lage so ausgezeichnet, seine Form so elegant, sein Bau so ebenmäßig, sein Fleisch so fest ist und es besseren Schutz genießt als jedes andere Organ, das mir vor Augen gekommen ist.» Er durchforschte die andere Seite der Brust und fand auch dort unterhalb der Rippen die Hülle und einen Lungenflügel. Nun war es sicher, daß dies das Organ war, nach dem er Ausschau gehalten hatte. Sogleich machte er sich daran, es seiner Hülle zu entledigen, und schlitzte die Haut auf, mit der es bedeckt war. All dies gelang ihm nicht ohne Mühe und Anstrengung und nur nachdem er mit der größten Sorgfalt zu Werke gegangen war.

Er legte das Herz frei und gewahrte, daß es rundum fest und gesund war. Dann suchte er nach irgendwelchem sichtbarem Schaden und fand keinen. Als er es in die Hand nahm und zusammendrückte, fühlte er, daß es hohl war. «Am Ende ist das, was ich suche,» sagte er, «im Innern dieses Organs, und ich bin noch nicht bis zu ihm vorgedrungen.» Er öffnete das Herz und fand zwei Höhlungen darin, eine links, die andere rechts. Die rechte Höhlung war angefüllt mit geronnenem Blut; die linke war völlig leer. «Was ich suche,» sagte er, «kann sich nur in einer dieser beiden Kammern befinden. In der rechten sehe ich bloß dieses geronnene Blut; und es steht außer Frage, daß es erst geronnen ist, als der Körper den jetzigen Zustand erreichte.» Er hatte nämlich herausgefunden, daß alles Blut stockt und gerinnt, sobald es den Körper verläßt. «Das ist Blut wie jedes andere; es findet sich so in allen Organen. Was ich suche, muß anders beschaffen sein: Es muß das sein, was seinen Sitz in jenem Körperteil hat, von dem ich weiß, daß ich auch nicht für einen Augenblick ohne ihn auskommen könnte. Von allem Anfang an habe ich danach gesucht. Blut, ja – doch wieviele Male habe ich, wenn Tiere mich im Kampf verletzten, große Mengen davon verloren, ohne Schaden zu nehmen und ohne ein einziges meiner Vermögen einzubüßen! In dieser Kammer brauche ich nicht weiter zu suchen. Was die linke anbetrifft, so sehe ich, daß sie völlig leer ist. Doch ich kann nicht glauben, daß sie unnötig ist, denn ich weiß, daß jedes Organ eine bestimmte Aufgabe zu erfüllen hat. Wie könnte dieses Gefäß mit seiner beherrschenden Lage keine haben? Ich kann nicht umhin zu glauben, daß das, was ich suche, einmal hier war, aber fort ist jetzt, dem Gefäß entwichen, das deshalb leer zurückblieb, und daß der Stillstand in diesem Organismus und der Verlust der Wahrnehmung und Bewegung von dieser Leere herrühren.» So war das, was ehedem in dem Gefäß gewohnt hatte, ausgezogen, bevor ihm irgendein Schaden zugefügt worden war. Es hatte seine Behausung verlassen, als es noch unversehrt gewesen war: Mithin war die Wahrscheinlichkeit gering, daß es dorthin zurückkehren würde, jetzt, da sie so verwüstet war und offen klaffte.

Der ganze Körper kam ihm jetzt vor wie etwas Niedriges und Wertloses, wenn er ihn mit dem verglich, was seiner Überzeugung nach eine Zeitlang in ihm sich aufgehalten und ihn dann verlassen hatte. Deshalb wandte er diesem Entschwundenen von nun an seine ganze Aufmerksamkeit zu und fragte sich, was es wohl sei. Wie mochte es beschaffen sein, durch was mit dem Körper verbunden? Durch welchen Ausgang hatte es den Körper verlassen und wohin war es gegangen?

Was hatte es vertrieben, falls Gewalt im Spiele war? Oder was hatte ihm den Körper so verhaßt gemacht, so es sich freiwillig von ihm getrennt? Über alle diese Fragen grübelte er nach und vergaß darüber den Körper. Er begriff, daß seine Mutter, daß diejenige, die ihm Zuneigung erwiesen und ihn gesäugt hatte, nicht dieser reglose Körper war, sondern das verschwundene Etwas. Von ihm waren alle diese Handlungen ausgegangen. Der Körper war für es nur ein Werkzeug wie die Stöcke, die er sich geschnitzt hatte, um sich die wilden Tiere vom Leib zu halten. So kam es, daß seine Zuneigung sich vom Körper abwandte und sich auf dessen Gebieter und Beweger richtete. Ihm allein brachte er noch Liebe entgegen.

Unterdessen begann der Körper zu verwesen und abstoßende Gerüche zu verbreiten. Seine Abneigung gegen ihn wuchs und mit ihr der Wunsch, ihn nicht mehr zu sehen. Da bemerkte er zwei Raben, die miteinander kämpften, bis der eine den andern getötet hatte. Der Überlebende scharrte daraufhin ein Loch in den Boden und begrub den Toten. «Wie lobenswert von diesem Raben», sagte sich das Kind, «den Kadaver seines toten Gefährten zu begraben, so böse es war, ihn zu töten! Auch ich muß, mit vollerem Recht noch, an meiner Mutter diese Pflicht erfüllen.» Er hob eine Grube aus, legte den Körper seiner toten Mutter hinein und bedeckte ihn mit Erde. Dann dachte er weiter über das nach, was den Körper lenkt. Er konnte sich nicht vorstellen, wie es beschaffen war. Beobachtete er jedoch die einzelnen Gazellen, so fiel ihm auf, daß sie alle die gleiche Form und Gestalt wie seine Mutter hatten, und er konnte nicht umhin zu denken, daß sie von nichts anderem bewegt und geleitet wurden als dem, was auch den Körper seiner Mutter bewegt und geleitet hatte. Deshalb suchte er den Umgang der Gazellen und erwies ihnen wegen dieser Ähnlichkeit große Zuneigung.

So brachte er viel Zeit damit zu, die verschiedenen Tier- und Pflanzenarten zu beobachten, am Ufer der Insel entlangzuwandern und nach einem Wesen Ausschau zu halten, das aussah wie er selber. Er hatte nämlich gesehen, daß jedes Tier und jede Pflanze eine große Zahl von Artgenossen besaß. Doch seine Suche blieb vergeblich. Andererseits fand er, daß die Insel allseits vom Meer umschlossen war, und glaubte deshalb, es gebe auf der Welt nur diese eine Insel.

Eines Tages brach in einem Ferula-Dickicht durch Reibung Feuer aus. Als er seiner gewahr wurde, erschreckte ihn der Anblick; nie hatte er dergleichen gesehen. Erstaunt blieb er lange davor stehen, ließ es sich dann jedoch nicht nehmen, Schritt für Schritt sich ihm zu nähern. Es fiel ihm auf, wie hell das Licht des Feuers ist, wie unwiderstehlich es vorwärtsdringt und sich jedem Gegenstand mitteilt, den es betastet und sich anverwandelt. Die Bewunderung, die das Feuer in ihm erweckte, sowie die Kühnheit und der Mut, mit denen Gott ihn ausgestattet hatte, verleiteten ihn dazu, die Hand nach der Flamme auszustrecken, um sie zu ergreifen. Kaum hatte er sie jedoch berührt, als er sich verbrannte, ohne daß er sie festhalten hätte können. Das brachte ihn auf den Gedanken, einen Ast, der noch nicht voll entflammt war, an seinem unversehrten Ende zu packen und ihn in die Tiefe der Höhle zu tragen, die ihm als Wohnung diente. Dort unterhielt er das Feuer mit trockenem Gras und dürrem Holz. Tag und Nacht schürte er es. Aber vor allem Nachts hatte er Freude an seiner Gesellschaft, denn es ersetzte ihm das Licht und die Wärme der Sonne. Es bedeutete ihm soviel, daß er eine große Liebe für es empfand und überzeugt war, von allem, was ihn umgab, sei es das beste. Da die Flamme stets nach oben strebte und hochzusteigen sich bemühte, gewann er die Überzeugung, das Feuer sei eine der himmlischen Substanzen, die er wahrnahm über sich. An allen Dingen erprobte er die Macht des Feuers, indem er sie hineinwarf und mitansah, wenn es sie schnell oder langsam verzehrte, je nach Brennbarkeit des Materials.

Unter dem, was er ins Feuer warf, waren auch Meerestiere, die an den Strand gespült worden waren. Als sie zu braten begannen und ihr Duft sich verbreitete, bekam er Hunger. Er aß davon, fand sie wohlschmeckend und gewöhnte sich

solcherart daran, Fleisch zu essen. In der Folge wandte er das Verfahren geschickt auch auf andere Tiere der Insel und des Meeres an. Darüber wurde seine Anhänglichkeit an das Feuer, dem er neue wohlschmeckende Speisen verdankte, nur noch größer.

Diese große Liebe, die das Feuer durch seine Wundertaten und Machtbeweise in ihm erweckte, brachte ihn schließlich auf den Gedanken, auch das, was aus dem Herzen seiner Ziehmutter, der Gazelle, verschwunden war, müsse von gleicher Substanz oder von gleicher Art sein. Er wurde in dieser Meinung bestärkt durch die Feststellung, daß die Tiere, solange sie leben, Wärme haben, aber kalt werden nach ihrem Tode, und zwar ohne Ausnahme. Außerdem fand er ein gut Teil Hitze in der eigenen Brust, an einer Stelle, die jener entsprach, wo er am Körper der Gazelle die Operation vorgenommen hatte. So dachte er, es wäre vielleicht besser, ein lebendiges Tier zu nehmen, ihm das Herz aufzuschneiden und die Höhlung zu untersuchen, die bei der Gazelle leer gewesen war. Denn in dem lebendigen Tier würde er sie noch ausgefüllt finden von dem, was gewöhnlich darin wohnt, und sich vergewissern können, ob es von der gleichen Substanz ist wie das Feuer, und ob es Hitze oder Licht aufweist oder nicht. So fing er ein Tier, band es und öffnete seinen Körper, wie er das bei der Gazelle getan hatte. Als er ans Herz kam, schnitt er zunächst die linke Seite auf und sah, daß die Kammer mit einem, weißen Nebel ähnlichen, Dunst gefüllt war. Er steckte den Finger hinein und spürte eine so starke Wärme, daß er sich fast verbrannt hätte. Unmittelbar darauf starb das Tier. Jetzt stand für ihn fest, daß dieser heiße Dampf das Prinzip der Bewegung bei dem Tier war, daß es im Körper jedes anderen Tieres das gleiche gab und daß ein Tier stirbt, sobald er es verläßt.

Hierauf erwachte in ihm der Wunsch, auch die anderen Organe dieses Tieres zu untersuchen, ihre Stellung und Lage, ihre Anzahl und die Art, wie sie zusammengefügt waren. Auch wollte er erforschen, wie dieser heiße Dunst zu ihnen gelangt und ihnen allen das Leben schenkt; wie dieser Dunst sich erhält während der Zeit, da es ihn gibt; auf welche Weise er fortbesteht; wie es kommt, daß seine Wärme sich nicht verliert. Entschlossen machte er sich an die Lösung dieser Probleme. Er öffnete lebende und tote Tiere und wurde seiner Untersuchungen und Überlegungen nicht eher müde, als bis er in diesen Fragen ein Wissen erlangt hatte, das dem der größten Naturforscher nicht nachstand. Er wußte mit Sicherheit, daß jedes einzelne Tier, auch wenn es mit seinen Gliedern und Organen eine Vielheit, mit seinen Sinnen und

Bewegungen eine Mannigfaltigkeit bildet, durch diesen Geist, der von einem einzigen Mittelpunkt ausstrahlt und sich von dort auf alle Glieder oder Organe verteilt, eine Einheit darstellt; daß alle Teile des Körpers für ihn nur Diener oder Werkzeuge sind; und daß die Rolle, die der Geist als Lenker des Körpers spielt, seiner eigenen Rolle vergleichbar ist bei der Handhabung der Werkzeuge, von denen die einen der Abwehr der Tiere, die andern dem Fang und wieder andere der Sezierung dienen. Von jenen, die er im Kampf benutzt, waren die einen Defensiv-, die andern Offensivwaffen. Ebenso waren von den Werkzeugen, mithilfe derer er die Tiere fing, die einen bestimmt für Wassertiere, die andern für Landtiere. Gleicherweise eigneten sich von den Geräten, die ihm zum Sezieren dienten, die einen zum Schneiden, die andern zum Brechen, wieder andere zum Bohren. Der menschliche Körper allein gebraucht diese Werkzeuge auf unterschiedliche Weise je nach ihrer Eignung für die Arbeit, die zu leisten ist. Genauso einmalig ist der Lebensgeist: Bedient er sich des Werkzeugs Auge, so ist seine Handlung Sehen; bedient er sich des Werkzeugs Ohr, so ist seine Handlung Hören; bedient er sich des Werkzeugs Nase, so ist seine Handlung Riechen; bedient er sich des Werkzeugs Zunge, ist seine Handlung Schmecken; bedient er sich der Haut und des Fleisches, ist seine Handlung Berührung; bedient er sich eines Gliedes, ist seine Handlung Bewegung; bedient er sich der Leber, ist seine Handlung Ernährung und Verdauung. Jede dieser Funktionen hat Organe, die ihr dienen; doch keines dieser Organe führt Handlungen aus, die nicht von dem herrühren, was jener Geist über die «Nerven» genannten Leitungen zu ihnen gelangen läßt. Sind diese Leitungen abgeschnitten oder blockiert, hört das Handeln des betreffenden Organs auf. Die Nerven empfangen den Geist nur von den Höhlungen des Gehirns, das ihn seinerseits vom Herzen empfängt. Das Gehirn enthält viele Lebensgeister, denn es ist ein Körperbereich, der aus einer großen Anzahl von Flächen besteht. Jedes Glied oder Organ, dem dieser Geist aus bestimmten Gründen entzogen wird, hört auf zu funktionieren und wird wie ein Werkzeug, das man weggeworfen hat und nicht mehr benutzt. Und sollte dieser Geist den Körper überhaupt verlassen oder irgendwie zerstört oder aufgelöst werden, so hört alle Bewegung auf und der Körper verfällt dem Zustand, der den Tod bedeutet.

Das Ende dieser Überlegungen hatte er in dem Augenblick erreicht, da sich das dritte Jahrsiebt seiner Existenz vollendete, das heißt im einundzwanzigsten Lebensjahr. Seine Erfindungsgabe war jetzt auf vielfache Weise entwikkelt. Er kleidete sich in die Felle der Tiere, die er zerlegt hatte; selbst Schuhe verfertigte er sich aus ihnen, wobei ihm als Fäden Haare und Fasern aus dem Stengel von Eibisch, Malve, Hanf und anderen faserigen Pflanzen dienten: Daß man sie dafür verwenden kann, hatten ihn Nähversuche mit Halfa gezeigt. Seine Ahlen bestanden aus kräftigen Dornen und Rohr, das er mit Steinen zugespitzt hatte. Das Tun der Schwalben brachte ihn aufs Bauen: Er errichtete sich zunächst ein Wohnhaus und anschließend ein Vorratshaus für Lebensmittel, das er mit einer Tür und geflochtenem Röhricht verwahrte, um in seiner Abwesenheit die Tiere fernzuhalten. Er fing Raubvögel und richtete sie für den Vogelfang; er hielt sich Federvieh, das ihn mit Eiern und Fleisch versorgte. Hörner von wilden Ochsen dienten ihm als Lanzenspitzen: Er befestigte sie an kräftigem Bambusrohr, an Stöcke aus Alasan und anderem Holz, die er im Feuer gehärtet und mit scharfen Steinsplittern zugespitzt hatte, weshalb sie fast echten Speeren glichen. Einen Schild fertigte er sich, indem er Häute mehrfach übereinanderlegte. Alle diese Erfindungen entstanden aus der Erkenntnis, daß ihm zwar natürliche Waffen fehlten, seine Hand ihm jedoch zu allem verhelfen konnte, was er brauchte.

Kein einziges Tier, was immer es auch sein

mochte, nahm es mit ihm auf: Alle gingen sie ihm aus dem Weg oder liefen vor ihm davon. Er überlegte sich, was er dagegen unternehmen könne, und gelangte zu dem Schluß, daß es das beste wäre, schnellfüßige Tiere zu zähmen. Er würde sie an sich gewöhnen, indem er sie mit wohlschmeckendem Futter versorgte und sie dann bei der Verfolgungsjagd als Reittiere benutzte. Auf der Insel gab es nämlich wilde Pferde und Esel. Von ihnen wählte er einige aus, die ihm tauglich schienen, und verwöhnte sie so lange, bis er sein Ziel erreicht hatte. Dann fertigte er aus Riemen und Fellen eine Art Zaum und Sattel, und nun konnte er, wie er gehofft hatte, die Tiere jagen, die ihm zuvor unerreichbar gewesen waren. Alles dies hatte er sich ausgedacht, während er mit dem Öffnen der Tiere beschäftigt gewesen war und mit Leidenschaft die Eigentümlichkeiten und Verschiedenheiten ihrer Organe und ihrer Glieder untersucht hatte, das heißt, während der Zeit, die, wie wir bereits sagten, mit seinem einundzwanzigsten Lebensjahr endete.

Anschließend ging er zu anderen Fragen über. Er wandte sich all den Körpern zu, die in der Welt von Werden und Vergehen zu finden sind: den Tieren der verschiedenen Arten, den Pflanzen, den Mineralien, den einzelnen Steinsorten, der Erde, dem Wasser, dem Dampf, dem

Eis, dem Schnee, dem Hagel, dem Rauch, der Flamme, der Glut. Er stellte an ihnen zahlreiche Eigentümlichkeiten fest, unterschiedliche Handlungsweisen, Bewegungen, von denen die einen miteinander übereinstimmten, die andern einander widersprachen. Mit anhaltender Aufmerksamkeit untersuchte er sie und sah, daß ihnen bestimmte Merkmale gemeinsam sind, andere hingegen nicht, daß sie durch ihre gemeinsamen Merkmale eines sind, durch ihre unterscheidenden Merkmale verschieden und vielfach.

Bisweilen betrachtete er die Eigentümlichkeiten der Dinge, das, wodurch sie sich voneinander unterscheiden: Dann kamen sie ihm vor wie eine unfaßbare Vielheit, und die Realität vervielfachte sich seinem Denken ins Unendliche. Auch seine eigene Essenz kam ihm vor wie ein Vielfaches, denn er bemerkte die Mannigfaltigkeit seiner Organe, die sich nach Maßgabe ihrer jeweiligen Funktion oder besonderen Eigenschaften von einander unterschieden. Jedes von ihnen betrachtete er und sah, daß es sich wieder viele Male unterteilen ließ. Er schloß daraus auf die Vielheit seiner eigenen Essenz. Wie auch die Essenz von allem.

Stellte er sich bisweilen auf einen anderen Standpunkt, schlug er einen zweiten Weg ein, so fiel ihm auf, daß seine Organe, obwohl sie vielfältig waren, alle zusammenhingen und ein einheitliches Ganzes bildeten. Sie unterschieden sich nur durch die Mannigfaltigkeit ihrer Tätigkeiten, und diese Mannigfaltigkeit war nur das Ergebnis irgendeines Vermögens, das ihm der Lebensgeist übermittelte, zu dem ihn seine früheren Untersuchungen hingeführt hatten. Nun, dieser Geist war eins seiner Essenz nach; gerade er machte das wahre Wesen aus, und alle Organe waren nur wie Werkzeuge. Angesichts dessen erschien ihm sein Wesen eins. Als er sich dann der Gesamtheit der Tierarten zuwandte, fand er, daß jedes einzelne Exemplar in ihnen von hier aus gesehen eins war. Dann ging er, eine nach der andern, diese Arten durch, zum Beispiel die Gazellen, die Pferde, die Esel und die verschiedenen Vogelarten, und entdeckte dabei, daß die Exemplare jeder Art durch ihre äußeren und inneren Organe, durch ihre Wahrnehmungen, ihre Bewegungen und Triebe einander gleichen; und er bemerkte, daß die Unterschiede zwischen ihnen im Vergleich zu den ihnen gemeinsamen Merkmalen nur leicht sind. Daraus schloß er, daß der allen Exemplaren einer Art eigene Geist ein- und derselbe ist, doch verteilt auf eine große Anzahl von Herzen; und daß die Gesamtheit dessen, was unter all diese Herzen aufgeteilt ist, so man sie sammeln und in einem Empfänger vereinigen könnte, eine einzige Sache wäre, wie eine Menge Wasser oder Wein, auf viele Gefäße verteilt und dann wieder gesammelt, ein- und dasselbe ist. Verteilt oder gesammelt ist ihre Identität die gleiche, und die Vielfalt in ihr ist gewissermaßen nur durch Zufall entstanden. So betrachtet kam ihm die ganze Art als eines vor, und die Mannigfaltigkeit der Exemplare, die sie umfaßt, schien ihm vergleichbar der Mannigfaltigkeit der Glieder eines Einzelwesens, das keine wirkliche Vielheit ist. Indem er sich dann alle Tierarten vor Augen führte und sie prüfend betrachtete, fand er, daß ihnen Empfindung, Ernährung, richtungsoffene Bewegungswahl gemeinsam sind; und er wußte, daß von allen Tätigkeiten des Lebensgeistes diese die ihm am unmittelbarsten zukommenden sind; während die Unterschiede, durch die sich alle Arten, obwohl ähnlich durch das früher erwähnte Merkmal, doch voneinander unterschieden, dem Lebensgeist nicht im strengen Sinn zukommen. Diese Überlegungen machten ihm deutlich, daß der dem ganzen Tierreich gemeinsame Lebensgeist in Wirklichkeit eins ist, trotz der leichten Unterschiede zwischen den Arten: Gerade wie Wasser, das auf verschiedene Gefäße verteilt wird, mehr oder weniger kalt sein kann, obwohl es, im Grunde, stets ein und dasselbe ist. Alle gleich kalten Teile dieses Wassers stellen den besonderen Zustand des Lebensgeistes in allen Tieren der gleichen Art dar. Wie schließlich alles dieses Wasser eins ist, so ist der Lebensgeist eins, obwohl gewissermaßen eine zufällige Vielheit bei ihnen eingetreten ist. So betrachtet kam ihm das ganze Tierreich als eins vor.

Hierauf wandte er sich den verschiedenen Pflanzenarten zu. Er sah, daß einzelne Exemplare jeder Art einander durch Zweige, Blätter, Blüten, Früchte, Funktionen gleichen. Verglich er die Pflanzen mit den Tieren, erkannte er an ihnen ein allen gemeinsames Ein-und-dasselbe, das bei ihnen die gleiche Rolle spielt wie bei den Tieren der Geist und durch das die Exemplare jeder Pflanzenart eins sind. Als er das Pflanzenreich solcherart als Einheit betrachtete, gelangte er zu dem Schluß, daß es eine Einheit sei, denn Nahrungsaufnahme und Wachstum waren allen Pflanzen gemeinsam.

Dann faßte er in Gedanken Tierreich und Pflanzenreich zusammen und sah, daß Nahrungsaufnahme und Wachstum allen Tieren und allen Pflanzen gemeinsam sind. Doch die Tiere übertreffen die Pflanzen an Empfindung, Intelligenz und Bewegungsfähigkeit. Manchmal läßt sich allerdings an den Pflanzen Ähnliches wahrnehmen, zum Beispiel wenn ihre Blüten sich nach der Sonne drehen oder ihre Wurzeln in der Richtung wachsen, wo sie Nährstoffe finden etc. Nach diesen Überlegungen kamen ihm Pflanzen und Tiere wie ein und dasselbe vor, weil beiden eines gemeinsam ist, das sich in einem der beiden Reiche vollendeter und vollkommener findet und dessen Entwicklung in dem andern durch irgendein Hindernis gehemmt ist. Als würde man Wasser in zwei Hälften teilen, und die eine wäre gefroren, die andere aber flüssig. So führte er Pflanzen und Tiere auf eine Einheit zurück.

Als nächstes betrachtete er die Körper, die ohne Empfindung sind, weder Nahrungsaufnahme noch Wachstum kennen, wie Steine, Erde, Wasser, Luft, Feuer. Er sah, daß sie in Länge, Breite und Tiefe festgelegt sind. Nur dadurch unterscheiden sie sich von einander, daß die einen farbig, die andern farblos, die einen warm, die andern kalt sind etc. Er sah jene, die warm sind, kalt werden, und jene, die kalt sind, sich erwärmen. Er sah, wie Wasser sich in Dampf verwandelt und Dampf sich in Wasser; die Dinge, die sich verzehren, zu Glut werden, zu Asche, zu Flamme, zu Rauch. Und wenn der aufsteigende Rauch sich an einer Steinrundung brach, schlug er sich nieder und erinnerte an bestimmte erdige Substanzen. Es kam ihm deshalb vor, als bildeten alle diese Körper, so betrachtet, in Wirklichkeit nur einen Körper, obwohl sie, unter einem anderen Blickwinkel, von einer Vielheit bestimmt sind, und als verhielte es sich mit ihrer Vielheit nicht anders als mit jener der Tiere und der Pflanzen.

Dann wandte er sich dem zu, was, wie er glaubte, die Einheit der Pflanzen und der Tiere ausmacht. Er fand, daß es ein bestimmter Körper ist, in Länge, Breite und Tiefe ausgedehnt wie die vorigen, entweder warm oder kalt, jenen Körpern gleich, die ohne Empfindung und Nahrung sind; es unterscheidet sich davon durch die Tätigkeiten, die es mit Hilfe der tierischen oder pflanzlichen Organe vollbringt, und allein hierdurch. Doch vielleicht sind diese Tätigkeiten nicht das Wesentliche an ihm; vielleicht sind sie ihm übertragen von etwas anderem; und selbst wenn sie auf jene Körper übertragen wären, glichen diese doch ersteren. Er betrachtete es also als ein An-sich, unabhängig von den Tätigkeiten, die, auf den ersten Blick, von ihm auszugehen scheinen; und er sah, daß es nichts anderes ist als einer dieser Körper. Alle Körper kamen ihm solcherart wie eine einzige Sache vor, seien sie nun belebt oder unbelebt, bewegt oder ruhend, höchstens daß manche von ihnen mit Hilfe von Organen Tätigkeiten zu vollbringen scheinen; aber er wußte nicht, ob diese Tätigkeiten ihnen wesentlich sind oder von etwas anderem auf sie übertragen.

Bislang kannte er nur Körper, und die Gesamtheit der Wesen schien sich ihm, so betrachtet, wie es geschildert worden ist, auf eine einzige Sache zurückführen zu lassen, während sie ihm doch auf den ersten Blick wie eine Menge ohne Zahl und Ende vorgekommen war. In diesem Rahmen bewegte sich sein Denken für geraume Zeit.

Dann untersuchte er sorgfältig alle die belebten und unbelebten Körper, in denen er bald Ein-und-dasselbe, bald eine unbegrenzte Vielheit sah; und er bemerkte, daß jeder von ihnen stets mit einer der folgenden beiden Strebungen versehen ist: entweder er strebt nach oben, wie Rauch, Flamme oder Luft, wenn sie unter Wasser ist, oder er strebt nach der entgegengesetzten Richtung, nämlich nach unten, wie Wasser, Erdbrocken, Pflanzen- und Tierelemente. Keiner dieser Körper kann von diesen beiden Bewegungen zugleich frei sein, und keiner ruht, wenn ihm nicht irgendein Hindernis den Weg versperrt wie fester Boden die Bahn des herabfallenden Steines; denn könnte dieser den Boden durchschlagen, so würde er, das ist klar, seinen Weg fortsetzen. Daraus erklärt es sich, daß du, wenn du ihn aufhebst, spürst, wie er sich widersetzt mit der ganzen Kraft, die ihn nach unten streben und fallen läßt. So hört auch der Rauch nicht auf zu steigen, es sei denn, er stößt auf ein Hindernis, einen Vorsprung beispielsweise, und selbst dann krümmt er sich nach rechts oder links, und sobald nichts ihn mehr behindert, steigt er in die Luft, weil diese ihn nicht aufhalten kann. Er fand auch heraus, daß eine Tierhaut, die man mit Luft füllt, fest zubindet und unter Wasser drückt, wieder hochzusteigen versucht. Sie widersetzt sich dem, der sie unter Wasser hält, so lange, bis sie aus dem Wasser heraus und wieder da ist, wo die Luft hingehört. Alsdann kommt sie zur Ruhe; der Widerstand und das Aufwärtsstreben verschwinden.

Er fragte sich auch, ob es einen Körper gebe, der weder steige noch falle und in keiner der beiden Richtungen dränge. Doch unter den ihm vertrauten Körpern konnte er nichts dergleichen finden. Ausschau gehalten danach hatte er in der Hoffnung, es lasse sich ein Körper entdecken, an dem die Beschaffenheit des Körpers als solchem erfaßbar sei, frei von all den Qualitäten, die zur Vielheit führen.

Als er des Suchens müde geworden war und die an Eigenschaften ärmsten Körper untersucht hatte, ohne einen zu finden, der irgendwie einer der beiden Eigenschaften ermangelte, die man Schwere und Leichtigkeit nennt, fragte er sich, ob Schwere und Leichtigkeit zum Körper als solchem gehöre oder als zur Körperlichkeit hinzugefügte Eigenschaft zu gelten hätten. Es schien ihm, daß sie zur Körperlichkeit hinzugefügte Eigenschaften waren, denn wenn sie zum

Körper als solchem gehörten, würde sich kein Körper finden, der sie nicht beide aufwiese. Nun stellen wir jedoch fest, daß die Schwere niemals Leichtigkeit zuläßt und die Leichtigkeit niemals Schwere. Es handelt sich hier zweifellos um zwei Arten von Körper, und jeder von ihnen besitzt ein Attribut, das ihn dem andern gegenüber auszeichnet und seiner Körperlichkeit hinzugefügt ist. Dieses Attribut bewirkt, daß jeder der beiden nicht der andere ist, und ohne es wären sie in jeder Hinsicht ein und dasselbe.

Es wurde ihm nun klar, daß die Essenz jedes dieser beiden Körper, des schweren wie des leichten, aus zwei Attributen zusammengesetzt ist: Das erste ist das, was beiden gemeinsam zukommt, d.h. das Attribut der Körperlichkeit; das zweite ist das, was die Essenz jedes einzelnen von dem andern unterscheidet, d.h. für den einen die Schwere, für den anderen die Leichtigkeit, verbunden beidesmal mit dem Attribut der Körperlichkeit: jenem Attribut also, durch das der eine sich nach oben, der andere sich nach unten bewegt.

Er untersuchte auch alle unbelebten und belebten Körper und fand, daß die Essenz eines jeden zusammengesetzt ist aus dem Attribut der Körperlichkeit und etwas anderem, Einzigen oder Vielfachen, das der Körperlichkeit hinzugefügt ist; und so zeigten sich ihm die Formen der Körper in ihrer Mannigfaltigkeit.

Das war seine erste Bekanntschaft mit der Welt des Geistes, denn diese Formen lassen sich nicht mit den Sinnen erfassen, sondern nur durch eine bestimmte Art geistiger Spekulation. Besonders deutlich wurde ihm, daß der Lebensgeist, der seinen Sitz im Herzen hat, und von dem schon früher die Rede war, außer seiner Körperlichkeit zwangsläufig noch ein hinzugefügtes Attribut aufweisen müsse, das ihn dazu befähigt, alle die wunderbaren Aufgaben zu erfüllen wie die verschiedenen Arten des Empfindens, Wahrnehmens, Bewegens. Dieses Attribut ist seine Form, der spezifische Unterschied, durch den er sich von allen übrigen Körpern unterscheidet, und er ist das, was die Philosophen als «Tierseele» bezeichnen. Desgleichen muß das, was bei den Pflanzen die Stelle der den Tieren eigenen Körperwärme einnimmt, etwas haben, das ihm eigentümlich, seine Form ist, und es ist das, was die Philosophen als «Pflanzenseele» bezeichnen. Ebenso haben auch alle unbelebten Körper, das heißt alle nichttierischen und nichtpflanzlichen Körper in der Welt von Werden und Vergehen etwas, das ihnen eigentümlich ist und jedes von ihnen dazu befähigt, die ihm eigene Aufgabe zu erfüllen wie beispielsweise die verschiedenen Bewegungsarten, die verschiedenen Arten von Sinneswahrnehmung. Es ist die Form eines jeden von ihnen, ist das, was die Philosophen ihre «Natur» nennen.

Als er solcherart festgestellt hatte, daß die Essenz dieses Lebensgeistes, dem stets seine besondere Liebe gegolten hatte, aus dem Attribut der Körperlichkeit und einem hinzugefügten Attribut besteht, und daß das Attribut der Körperlichkeit ihm mit allen übrigen Körpern gemeinsam ist, während es sich durch das ersterem hinzugefügte Attribut auszeichnet und vereinzelt, verlor er das Interesse am Attribut der Körperlichkeit und schob es zur Seite, um sich dem zweiten Attribut zuzuwenden: jenem, das man «Seele» nennt. Von dem Wunsch erfüllt, Genaueres darüber zu erfahren, fing er an, sich Gedanken zu machen, und ging als erstes alle Körper durch, doch nicht soweit sie Körper sind, sondern insofern sie über Formen verfügen, denen bestimmte Eigentümlichkeiten anhaften, durch die sie sich voneinander unterscheiden. Er verfolgte seine Untersuchung mit ganzer Kraft. Und da erkannte er, daß allen Körpern einer Gruppe eine Form gemeinsam ist, von der eine oder mehrere Handlungen ausgehen. Er sah, daß ein Teil dieser Gruppe außer der Form, die er mit dieser Gruppe teilt, noch eine andere Form hat, die bestimmte Handlungen bedingt. Er sah schließlich, daß ein Teil dieses Teils zusätzlich zu dieser ersten und dieser zweiten Form, die ihm mit dem ganzen Teil gemeinsam ist, noch eine dritte Form hat, von der bestimmte Handlungen ausgehen. So bilden zum Beispiel alle erdigen Körper wie Erde, Steine, Metalle, Pflanzen, Tiere und alle schweren Körper eine einzige Gruppe und besitzen eine allen gemeinsame Form, aus der, so kein Hindernis ihr Abwärtsstreben aufhält, die Bewegung nach unten hervorgeht. Werden sie hochgehoben und dann sich selbst überlassen, bewegen sie sich vermöge ihrer Form nach unten. Ein Teil dieser Gruppe, nämlich Pflanzen und Tiere, hat außer der Form, die ihr mit der vorhergehenden Gruppe gemeinsam ist, noch eine andere Form, auf die Nahrungsaufnahme und Wachstum zurückgeht. Nahrungsaufnahme besteht darin, daß das Wesen, das sich erneuert, die Teilchen seines Körpers, die verschwunden sind, durch Anziehung und Anverwandlung geeigneter Materie an seine Substanz zu ersetzen sucht. Wachstum indessen ist zunehmende Ausdehnung in Breite und Tiefe unter Wahrung der Proportionen. Diese beiden Funktionen sind den Pflanzen und Tieren gemeinsam; sie gehen fraglos auf eine Form zurück, die diesen wie jenen gemeinsam ist; und diese Form ist das, was auch «Pflanzenseele» genannt wird. Ein Teil dieses Teils schließlich, nämlich die Tiere, besitzt außer der ersten und der zweiten Form, die ihnen mit der vorausgehenden Form gemeinsam ist, noch eine dritte Form, aus der Empfindung und Fähigkeit zur Ortsveränderung hervorgehen.

Zudem sah er, daß jede Tierart ein spezifisches Merkmal besitzt, das sie von allen anderen Arten scheidet und zu einer von diesen verschiedenen Art macht. Er erkannte, daß dieses Merkmal von einer ihr als Eigentümlichkeit angehörenden Form herrührt und dem Begriff der Form hinzugefügt ist, die ihr und allen anderen Tieren gemeinsam ist, und daß ein gleiches für jede Pflanzenart gilt.

Er begriff, daß unter den mit Sinnen ausgestatteten Körpern, die sich in der Welt von Werden und Vergehen finden, die Essenz der einen aus zahlreichen dem Attribut der Körperlichkeit hinzugefügten Attributen zusammengesetzt ist, während jene der anderen aus weniger zahlreichen Attributen besteht. Ausgehend davon, daß die Kenntnis dessen, was weniger zahlreich ist, sich leichter erlangen läßt als die des zahlreicheren, nahm er sich vor, zunächst die Essenz dessen zu untersuchen, was am ärmsten an wesentlichen Attributen wäre. Nun sah er, daß die Essenzen der Tiere und der Pflanzen angesichts der Mannigfaltigkeit ihrer Handlungen aus vielen Attributen zusammengesetzt sind, und verschob deshalb die Untersuchung ihrer Formen.

Zugleich sah er, daß manche Erdbrocken einfacher sind als andere, und nahm sich vor, die einfachsten von ihnen, die er finden konnte, zu untersuchen. Er erkannte auch, daß Wasser eine wenig komplexe Sache ist angesichts der geringen Zahl von Handlungen, die von seiner Form ausgehen, und daß es sich mit Feuer und Luft genauso verhält. Schon früher war ihm der Gedanke gekommen, daß diese vier Körper sich ineinander verwandeln und ihnen das Attribut der Körperlichkeit gemeinsam ist. Dieses entbehrt zwangsläufig der Attribute, die diese vier Körper voneinander unterscheiden, so daß es mithin weder steigen noch fallen, weder heiß noch kalt, weder feucht noch trocken sein kann. Da keine dieser Qualitäten allen Körpern gemeinsam ist, kann auch keine dem Körper als solchem angehören. Findet man folglich einen Körper ohne jegliche der Körperlichkeit hinzugefügte Form, so besitzt er keine dieser Qualitäten und könnte nur Qualitäten haben, die allen mit irgendwelchen Formen versehenen Körpern gemeinsam wären.

So suchte er nach einer Qualität, die allen Körpern, belebten wie unbelebten, gemeinsam wäre. Doch außer dem Begriff der Ausdehnung nach drei Seiten, die man Länge, Breite und Tiefe nennt, konnte er nichts finden, das allen Körpern gemeinsam war. Er erkannte, daß dieser Begriff einem Körper als solchem zukommt. Aber seine Sinne erwiesen sich als außerstande, ihm das Vorhandensein auch nur eines einzigen Körpers zu enthüllen, der allein mit dieser Eigentümlichkeit begabt war, frei also von jeglichem der obengenannten Ausdehnung hinzugefügten Begriff und völlig entblößt von aller anderen Form. Deshalb fragte er sich, ob diese Ausdehnung nach drei Seiten, ohne daß also noch ein anderer Begriff hinzukommt, den Begriff des Körpers ausmacht oder ob es sich anders verhalte. Er bemerkte nämlich, daß hinter dieser Ausdehnung noch ein anderer Begriff liegt, der das ist, worin diese Ausdehnung gründet, und daß die reine Ausdehnung so wenig für sich allein bestehen kann wie das, was sich ausdehnt, für sich allein bestehen kann, ohne Ausdehnung. Das wurde ihm klar am Beispiel bestimmter den Sinnen wahrnehmbarer, mit Formen versehener irdischer Körper, wie Lehm einer ist. Gibt man dem Lehm eine bestimmte Form, zum Beispiel die einer Kugel, so hat sie eine bestimmte Länge, Breite und Tiefe. Bringt man dann die gleiche Kugel in eine kubische oder ovale Form, so verändert sich diese Länge, Breite und Tiefe: Jede von ihnen nimmt eine neue Größe an. Der Lehm allerdings bleibt unverändert derselbe, muß aber stets eine Länge, eine Breite und eine Tiefe haben, was auch immer die Größenverhältnisse seien, und es ist unmöglich, ihn von diesen Dimensionen zu befreien. Die Veränderlichkeit der Dimensionen zeigte ihm, daß sie vom Lehm selbst Unterschiedenes darstellen; in der Tatsache, daß der Lehm nie ganz ohne Dimensionen war, lag für ihn der Beweis, daß diese zu seiner Essenz gehören.

Überlegungen wie diese brachten ihn zu der Folgerung, daß der Körper als solcher im Wesentlichen aus zwei Begriffen zusammengesetzt ist, von denen der eine die Rolle des Lehms spielt, wie das oben erwähnte Beispiel verdeutlichte, und der andere die Rolle von Länge, Breite und Tiefe der Kugel, des Würfels oder jeder anderen dem Lehm gegebenen Form: Es läßt sich kein Körper vorstellen, der nicht zusammengesetzt ist aus diesen beiden Begriffen, von denen keiner ohne den andern bestehen kann. Derjenige, der für Veränderung, Aufeinanderfolge von Erscheinungsformen steht, ist der Begriff der Ausdehnung; er stellt die Form dar, die sich an allen mit Form begabten Körpern findet. Derjenige, der für Verharren im selben Zustand steht und dem Lehm entspricht in unserem Beispiel, stellt den Begriff der Körperlichkeit dar, die sich an allen mit Formen begabten Körpern findet. Der Lehm hat seine Entsprechung in dem, was die Philosophen «Materie» und «Hyle» nennen; es ist völlig ohne Form.

Als er mit seinem Nachdenken an diesem Punkt angelangt war, wurde ihm bewußt, daß er sich mehr oder weniger von der Welt des sinnlich Wahrnehmbaren entfernt hatte und bis zu den Grenzen der geistigen Welt vorgestoßen war. Schwindelgefühle überkamen ihn und das Verlangen, wieder zurückzukehren zu den Dingen der Sinnenwelt, an die er gewöhnt war. Er zog sich also wieder ein wenig zurück. Als etwas den Sinnen nicht Wahrnehmbares und ihm nicht Erreichbares ließ er den Körper als solchen links liegen und wandte sich erneut den einfachsten der sinnlich wahrnehmbaren Körper zu, die er kannte: jenen vier Körpern, die er bereits untersucht hatte. Zunächst betrachtete er das Wasser; und er fand, daß es, in dem Zustand belassen, den seine Form verlangt, von spürbarer Kälte ist und eine Tendenz aufweist, sich nach unten zu bewegen. Wenn es erwärmt wird, sei es durch Feuer oder die Sonnenstrahlen, verflüchtigt sich die Kälte sogleich, aber es strebt weiterhin nach unten. Wird seine Erwärmung beträchtlich, verliert es dieses Streben nach unten und neigt dazu, sich nach oben zu bewegen: Die beiden Eigenschaften, die beständig aus seiner Form hervorgingen, hat es völlig verloren. Doch über seine Form wußte er lediglich, daß diese beiden Handlungen aus ihr hervorgingen; daß die Form, so es ihrer verlustig geht, gleichfalls verschwindet, und die erworbene Form den Körper in dem Augenblick verläßt, da er sich in Handlungen einläßt, die ihrem Wesen nach aus einer anderen Form hervorgehen; daß an ihm eine Form sich zeigt, die zuvor nicht dagewesen war, und daß von diesem Körper dank dieser Form Handlungen ausgehen, die ihrem Wesen nach nicht zu ihm gehören, solange er die erste Form besitzt.

Nun wußte er aber, daß alles, was hervorgebracht wird, zwangsläufig einen Urheber verlangt; und so bildete sich in seiner Seele der dunkle und allgemeine Begriff von einem Urheber der Form. Als er dann, eine nach der andern, die Formen durchging, die ihm bereits bekannt waren, sah er, daß sie alle hervorgebracht sind und notwendigerweise eine Wirkursache haben müssen. Anschließend betrachtete er die Essenzen dieser Formen, und es schien ihm, als wären sie nichts als eine Anlage des Körpers dazu, daß eine bestimmte Handlung von ihm ausgeht. Wird beispielsweise Wasser stark erhitzt, so hat es die Anlage, sich nach oben zu bewegen, und diese Anlage ist seine Form. Denn es handelt sich hier um nichts anderes als einen Körper plus gewisser Dinge, die die Sinne daran wahrnehmen und die zuvor nicht existierten wie Qualitäten und Bewegungen, und eine Wirkursache, die sie hervorbringt, da es sie doch zuvor nicht gab; und die Fähigkeit des Körpers zu gerade diesen und keinen andern Bewegungen ist seine Anlage und seine Form. Es kam ihm vor, daß dies für alle Formen gilt. Er sah also deutlich, daß die aus ihnen hervorgegangenen Handlungen in Wirklichkeit nicht zu diesen Formen gehörten, sondern zu einer Wirkursache, die durch sie die Handlungen hervorbringt, die ihnen zugeschrieben werden. Der Gedanke, der ihm jetzt gekommen war, entspricht dem Wort des Gesandten Gottes (Gott möge ihn mit Segen überschütten und ihm das Heil schenken!): «Ich bin das Gehör, durch das er hört, und das Gesicht, durch das er sieht», und wie deutlich und genau im Buch der Offenbarung geschrieben steht: «Nicht ihr habt sie erschlagen, sondern Gott hat sie erschlagen. Nicht du, Mohammed, hast sie zu Boden geworfen; als du sie zu Boden warfst, war Gott es, der sie zu Boden warf.»

Nachdem sich ihm nun ein eher summarischer und ungenauer Begriff von dieser Wirkursache gebildet hatte, erwachte in ihm das brennende Verlangen, sie genau zu kennen. Da er sich noch nie von der Sinnenwelt getrennt hatte, begann er diese Wirkkraft unter den Gegenständen seiner Sinne zu suchen, aber er wußte nicht einmal, ob es eine oder viele davon gab.

Deshalb ging er alle Körper durch, die um ihn waren und über die er immer wieder nachgedacht hatte. Er bemerkte, daß sie bald entstanden, bald vergingen; und diejenigen, die er nicht zur gänze vergehen sah, vergingen doch zumindest teilweise: So gingen zum Beispiel Teile des Wassers am Feuer zugrunde. Er sah auch die Luft an der Gewalt der Kälte zugrundegehen, zu Wasser und Eis werden. Das gleiche galt für alle Körper, die um ihn waren: Er fand keinen, der nicht hervorgebracht worden wäre und keine Wirkkraft voraussetzte. Doch schob er schließlich auch dies alles zur Seite, um seine Aufmerksamkeit den Himmelskörpern zuzuwenden.

Als er mit seinen Überlegungen so weit gekommen war, hatte er das vierte Jahrsiebent seiner Existenz beendet und war somit 28 Jahre alt. Er erkannte, daß der Himmel und alle Gestirne darin Körper sind; denn sie sind allesamt nach drei Seiten ausgedehnt: Alles, was dieser Eigenschaft nicht entbehrt, ist Körper, weshalb sie Körper sind.

Er fragte sich sodann, ob ihre Ausdehnung unendlich sei, ob sie sich stets in Länge, Breite und Tiefe fortsetzen, ohne Ende, oder aber, ob sie endlich seien, eingeschlossen in Grenzen, an denen sie aufhörten und jenseits derer es keine Ausdehnung geben kann. Dieses Problem hörte nicht auf, ihn zu verwirren. Doch dank seiner Verstandeskraft und Denkschärfe erkannte er bald, daß ein Körper ohne Begrenzung eine Absurdität ist, eine Unmöglichkeit, etwas Undenkbares, und diese Ansicht wurde noch durch zahlreiche Beweise bekräftigt, auf die er bei weiterem Nachdenken stieß.

Er sagte sich: Der Körper des Himmels ist begrenzt in der Richtung, wo ich mich befinde, und zwar nach der Seite zu, da ich ihn wahrnehme. Daran besteht kein Zweifel, denn ich sehe es mit eigenen Augen. Von der entgegengesetzten Seite, im Hinblick auf die ich Zweifel hegen kann, weiß ich gleichfalls, daß sie sich unmöglich ins Unendliche ausdehnen läßt. Es liegt also nahe, daß ich mir zwei Linien denke, die beide an dieser begrenzten Seite anfangen und durch die Tiefe des Körpers ins Unendliche führen, und zwar so weit, wie der Körper selbst sich ausdehnt. Dann stelle ich mir vor, daß man von der einen dieser beiden Linien ein beträchtliches Stück abschneidet, und zwar auf der Seite, wo sie begrenzt ist, und dann, daß man das restliche Stück dieser Linie nimmt und davon das Ende, wo der Schnitt gemacht wurde, neben das Ende der intakt gebliebenen Linie legt und solcherart die Linie, von der man ein Stück abgeschnitten hat, mit der Linie, von der man nichts abgeschnitten hat, kongruent werden läßt. Wenn der

Geist diesen beiden Linien jetzt in der Richtung folgt, wo man sie für unendlich hält, wird man entweder finden, daß sie sich tatsächlich bis ins Unendliche erstrecken, ohne daß die eine kürzer wäre als die andere und somit diejenige, welche man verkürzt hat, genauso lang ist wie die unversehrte, was absurd wäre – oder aber, daß die Linie, die verkürzt wurde, sich nicht so weit erstreckt wie die andere, sondern anhält, abbricht unterwegs und somit aufhört, der anderen in ihrer Ausdehnung zu folgen, in welchem Fall sie begrenzt ist; und fügt man ihr dann das Stück, das anfangs abgeschnitten wurde und sie begrenzt sein ließ, wieder hinzu, so ist auch die ganze Linie begrenzt; und sie wird weder kürzer sein als die andere Linie, von der man nichts angeschnitten hat, noch länger als sie: Sie wird ihr gleich sein. Ist aber diese Linie begrenzt, so muß es auch jene sein; und der Körper, durch den man diese Linien ziehen kann, ist gleichfalls begrenzt. Nun kann man aber durch jeden Körper diese Linien ziehen: Nehmen wir mithin an, ein Körper sei unbegrenzt, so nehmen wir einen Un-Sinn an, eine Absurdität.

Nachdem ihm dank seiner außergewöhnlichen natürlichen Verstandeskraft, die ihn auf einen derartigen Beweis gebracht hatte, zur Gewißheit geworden war, daß der Körper des Himmels endlich ist, wollte er wissen, was für eine Form er habe und auf welche Weise er durch die Oberflächen seiner Sphären begrenzt ist. Er untersuchte zunächst die Sonne, den Mond und die restlichen Sterne und bemerkte, daß sie alle im Osten auf- und im Westen untergehen. Diejenigen von ihnen, die unmittelbar über ihm ihres Weges zogen, beschrieben einen größeren Kreis als jene, die weiter nördlich oder südlich waren. Je weiter sie vom Zenith entfernt waren und je näher den Polen, desto kleiner war der Kreis, in dem sie sich bewegten, so daß die kleinsten Kreise, die die Sterne beschrieben, diese beiden sind: der Kreis des Kanopus mit dem Südpol als Mittelpunkt und der Kreis der Ursa Minor, dessen Mittelpunkt der Nordpol ist. Da er, wie anfangs erwähnt, unter dem Äquator sich aufhielt, standen alle diese Kreise senkrecht auf der Ebene seines Horizonts und waren in südlicher und nördlicher Richtung symmetrisch angeordnet, so daß er beide Pole zugleich vor Augen hatte. Er machte die Beobachtung, daß zwei Sterne, von denen der eine einen größeren, der andere einen kleineren Kreis beschreibt, wenn sie gleichzeitig aufgehen, auch gleichzeitig untergehen, und daß das bei allen Sternen geschieht, jeden Augenblick. Er schloß daraus, daß der Himmel ein kugelförmiges Gewölbe sei. In dieser Überzeugung wurde er dadurch bestärkt, daß er die Sonne, den Mond und die Sterne, die im Westen verschwunden waren, im Osten wiederkehren sah; und auch weil er feststellte, daß sie sich seinen Augen stets in der gleichen Größe darzubieten schienen, ob sie aufgingen, ihren höchsten Punkt erreichten oder untergingen. Wäre ihre Bewegung nämlich nicht kreisförmig, so würden sie seinen Augen zeitweise zweifellos näher erscheinen und in Größe und augenscheinlichem Umfang variieren: Sähe er sie aus größerer Nähe, kämen sie ihm größer vor, als wenn sie weiter entfernt wären. Doch da er nichts dergleichen feststellen konnte, hielt er für bewiesen, daß das Himmelsgewölbe kugelförmig ist.

Er fuhr nun fort, die Bewegung des Mondes zu beobachten, und sah, daß sie von Westen nach Osten verläuft, daß es sich mit jener der Planeten genauso verhält, und er lernte solcherart nicht wenig über Himmelskunde. Er entdeckte, daß die Bewegungen der Sterne sich nur aus dem Vorhandensein einer bestimmten Anzahl von Sphären erklären lassen. Sie sind sämtlich in einer einzigen enthalten, die als die höchste alle anderen im Laufe eines Tages und einer Nacht von Osten nach Westen sich bewegen läßt. Doch alle die Entdeckungen im einzelnen aufzuzählen, die er in dieser Wissenschaft nach und nach machte, wäre zu umständlich. Im übrigen steht

das alles in Büchern, weshalb für unsere Zwecke genügt, was wir bereits dargelegt haben.

Nachdem er diesen Wissensstand erreicht hatte, begriff er, daß die Himmelssphäre, mit allem, was sie umfaßt, wie ein einziger Gegenstand ist, dessen Teile ein zusammenhängendes Ganze bilden; daß alle Körper, die er früher untersucht hatte, wie Erde, Wasser, Luft, Pflanzen, Tiere und anderes von gleicher Beschaffenheit, darin inbegriffen sind und nichts außerhalb von ihm ist; daß sie in ihrer Gesamtheit ganz und gar einem Tier unter Tieren ähnlich ist: Die glänzenden Sterne entsprechen den Sinnen des Tieres; die verschiedenen ineinandergepaßten Sphären stellen die Glieder oder Organe dar; was schließlich in der Wölbung dieser Sphäre die Welt von Werden und Vergehen ausmacht, spielt die Rolle, die im Reich der Tiere den verschiedenen Ausscheidungen und Säften zukommt, denn auch in diesen entstehen, dem Makrokosmos gleich, oft Tiere.

Als er begriffen hatte, daß dieses Ganze in Wirklichkeit wie ein einziges Individuum ist, als er dessen vielfältige Teile durch Anwendung der gleichen Betrachtungsweise wie bei der Welt von Werden und Vergehen in ihrer Einheit erfaßt hatte, fragte er sich, ob die Welt in ihrer Ganzheit etwas sei, das zu sein angefangen hatte, als es nicht war, und aus dem Nichts zum Sein gekommen war, oder ob sie etwas sei, das es immer schon gegeben habe und dem nichts in der Zeit vorangegangen sei. Diese Frage machte ihn ratlos, und von beiden Möglichkeiten gewann keine die Oberhand in seinen Gedanken. Denn sooft er eine Ewigkeit annahm, begegneten ihm Einwände, die sich auf die Unmöglichkeit einer unbegrenzten Existenz gründeten und jenen Überlegungen glichen, durch die er zur Erkenntnis der Unmöglichkeit der Existenz eines unbegrenzten Körpers gelangt war. Zudem sah er, daß die Welt nicht frei ist von hervorgebrachten Eigenschaften und diesen nicht vorausgehen kann; was nun aber nicht früher sein kann als die hervorgebrachten Eigenschaften, ist gleicherweise hervorgebracht. – Schloß er sich aber der Lehre von der Hervorbringung an, stellten sich ihm andere Schwierigkeiten in den Weg. Er sah, daß der Gedanke einer auf Nichtexistenz folgenden Entstehung sich nur fassen läßt, wenn man sich eine ihr vorausgehende Zeit vorstellt; doch die Zeit bildet einen integralen Bestandteil der Welt und ist untrennbar von ihr; folglich kann man sich die Welt nicht als jünger vorstellen als die Zeit. Zudem sagte er sich: «Wenn die Welt erschaffen ist, so muß es auch einen Schöpfer gegeben haben. Doch warum hat dieser Erzeuger, der sie geschaffen hat, sie in einem bestimmten Augenblick geschaffen und nicht früher? Geschah es, weil ihm etwas Neues von außen den Anstoß dazu gegeben hat? Aber es war nichts außer ihm vorhanden. Oder weil er selber eine Veränderung erfuhr? Aber was hätte diese Veränderung bewirkt?» – Jahrelang grübelte er über diese Frage nach, und vieles fiel ihm dazu ein, aber die Beweise widerlegten einander in seinem Geist, ohne daß das Für sich als stärker erwiesen hätte als das Wider.

Des Suchens schließlich müde, begann er sich zu fragen, was nun aus jeder der beiden Auffassungen folge: Vielleicht wäre es das gleiche. – Nahm er an, die Welt sei geschaffen, aus dem Nichts zum Sein gelangt, so ergab sich daraus notwendigerweise, daß sie nicht von selbst zum Sein gelangt sein könne, hierfür eines Schöpfers bedurft habe. Und dieser Schöpfer ist keinem der Sinne erreichbar. Denn wenn auch nur ein Sinn ihn erreichen könnte, wäre er ein Körper; wäre er ein Körper, gehörte er zur Welt, wäre er selber hervorgebracht und bedürfte eines Erzeugers; und wenn dieser zweite Erzeuger gleichfalls ein Körper wäre, bedürfte er eines dritten Erzeugers, dieser dritte eines vierten und so bis ins Unendliche. Die Welt muß also einen Schöpfer haben, der kein Körper ist. Ist er kein Körper, läßt er sich nicht mit den Sinnen erreichen, denn die fünf Sinne erreichen nur die Körper oder das, was untrennbar von den Körpern ist. Kann es nicht gefühlt werden, läßt es sich auch nicht vorstellen, denn die Einbildungskraft ist nur die Fähigkeit zur Erwerbung der Formen der sinnlich wahrnehmbaren Dinge, nachdem diese Dinge verschwunden sind. Zudem, wenn er kein Körper ist, sind ihm alle Eigenschaften der Körper zuwider; und die erste Qualität der Körper ist die Ausdehnung in Länge, Breite und Tiefe: Er ist davon ausgenommen wie von allen körperlichen Eigenschaften, die aus diesem Attribut folgen. Kurz, wenn er der Schöpfer der Welt ist, so besteht kein Zweifel, daß er diese Welt kennt und Macht hat über sie. «Wie sollte er, der alles schuf, nicht alles wissen? Er, der alles durchdringt und alles kennt?» – Zudem, nähme er an, die Welt sei ewig, sei stets so gewesen, wie sie ist, und kein Nichts sei ihr vorangegangen, so folgte notwendigerweise, daß auch ihre Bewegung von Ewigkeit her wäre, ohne Anfang, da ihr keine Ruhe voranging, im Anschluß an die sie begonnen hätte. Doch jede Bewegung muß zwangsläufig einen Beweger haben; und dieser Beweger kann nur eine Kraft sein, die in einem Körper liegt – sei es in dem mit selbsttätiger Bewegung begabten gleichen Körper oder in einem anderen, außerhalb von ihm befindlichen, oder eine Kraft, die nicht in einem Körper ausgegossen und über ihn verstreut ist. Nun wird aber jede in einen

Körper ausgegossene, über ihn verstreute Kraft geteilt, wenn dieser Körper geteilt, verdoppelt, wenn er verdoppelt wird. Beispielsweise das Gewicht in dem Stein, den dieses nach unten bewegt: Wird der Stein in zwei gleiche Teile geteilt, so auch sein Gewicht; fügt man zum ersten Stein einen gleichen zweiten, so wird sein Gewicht um ein ihm entsprechendes Gewicht zunehmen; und kann der Stein bis ins Unendliche zunehmen, so wird auch dieses Gewicht bis ins Unendliche zunehmen; und erreicht der Stein eine bestimmte Größe und kommt dort zur Ruhe, so erreicht auch das Gewicht eine bestimmte Größe und kommt dort zur Ruhe. Man hat jedoch eindeutig bewiesen, daß jeder Körper endlich ist; folglich hat man auch eindeutig bewiesen, daß jede einem Körper innewohnende Kraft endlich ist. Wenn wir mithin auf eine Kraft stoßen, deren Wirkung unendlich ist, so kann diese Kraft unmöglich in einem Körper liegen. Weil wir nun aber finden, die Himmelssphäre bewege sich unaufhörlich und ewig, nehmen wir auch an, sie sei *a parte ante*, «vorewig». Hieraus ergibt sich zwangsläufig, daß die Kraft, die sie bewegt, weder in dem Körper, den sie darstellt, noch in irgendeinem andern außerhalb von ihr liegt; diese Kraft gehört also zu etwas dem Körper Fremden, und es dürfen ihr keinerlei körperliche Eigenschaften beigelegt werden. Doch schon bei seiner ersten Betrachtung über die Welt von Werden und Vergehen war ihm klar geworden, daß jeder Körper seine wesensmäßige Wirklichkeit allein der Form verdankt, die in der Disposition zu bestimmten Bewegungen besteht; daß die Realität, die er der Materie verdankt, eine unbeständige, sozusagen unbegreifbare Realität ist. Folglich verdankt die ganze Welt ihre Realität nur der Disposition, Anstöße aufzunehmen von diesem Beweger, der frei ist von Materie, von körperlichen Eigenschaften, von all dem, was den Sinnen oder der Einbildungskraft zugänglich ist; und wenn dieser Beweger der Urheber der verschiedenen Bewegungen des Himmels ist, die er durch eine unaufhörliche, unveränderliche, unwandelbare Tätigkeit hervorbringt, so hat er zweifellos Macht über sie und kennt sie. – Er gelangte also auf diesem Weg zu dem gleichen Ergebnis wie auf dem früheren, ohne daß die Ungewißheit, ob die Welt ewig sei oder in der Zeit entstanden, ein Hindernis für ihn gewesen wäre: Beide Thesen begründeten gleicherweise die Existenz eines unkörperlichen Urhebers, der weder mit dem Körper verbunden noch von ihm getrennt, weder in ihm noch außer ihm ist. Denn Verbindung und Trennung, Insein und Außensein sind Bestimmungen des Körpers, und er ist befreit davon.

Da die Materie in jedem Körper einer Form

bedarf, denn durch die Form nur besteht sie fort und besäße ohne sie keine Realität, und da die Form ihre Existenz nur diesem Urheber verdankt, wurde ihm klar, daß alles, was ist, um sein zu können, dieses Urhebers bedarf, und daß nichts ohne ihn bestehen kann: Er ist ihre Ursache, und sie sind seine Wirkungen, mögen sie nun aus dem Nichts zum Sein gekommen sein, überhaupt keinen Anfang in der Zeit gehabt haben oder nicht im mindesten auf das Nichts gefolgt sein; denn im einen wie im anderen Fall sind sie verursacht, bedürfen sie eines Urhebers und hängen von ihm ab, um zu sein: Dauerte er nicht, würden sie nicht dauern, existierte er nicht, würden sie nicht existieren, wäre er nicht ewig *a parte ante,* würden sie es nicht sein; denn seinem Wesen nach bedarf er ihrer nicht und hängt nicht ab von ihnen.

Und wie sollte es nicht so sein? Wurde nicht schon dargetan, daß seine Kraft, seine Macht unendlich ist? Daß alle Körper hingegen endlich sind, begrenzt wie alles, das ihnen anhaftet oder von ihnen abhängt? Folglich ist die ganze Welt, mit allem, was sie umfaßt: «Himmel, Erde mit allem, was dazwischen ist», sein Werk, seine Schöpfung, und seinsmäßig später als er, selbst wenn es zeitmäßig nicht später ist als er. So bewegt sich auch ein Körper, den man in der geschlossenen Hand forträgt, zwangsläufig der

Ortsveränderung der Hand entsprechend mit einer Bewegung, die seinsmäßig später ist als die der Hand, obwohl sie dies zeitmäßig nicht ist, da beide Bewegungen gleichzeitig beginnen. Wie auch die ganze Welt eine Wirkung außerhalb der Zeit ist, eine Schöpfung dieses Urhebers, der nur zu befehlen hat, wenn er etwas will, und spricht: «Es werde! Und es ist.»

Von dem Augenblick an, da er erkannt hatte, daß alles, was es gibt, das Werk dieses Schöpfers ist, betrachtete er die Dinge mit neuen Augen, sah sie als Beispiele für die Macht ihres Schöpfers, bewunderte sie als Zeugnisse Seiner wunderbaren Geschicklichkeit, Seiner tiefen Weisheit und Seines umfassenden Wissens. Er entdeckte in den geringsten Dingen, die es gibt, und mehr noch in den größeren, Beweise von Weisheit, einer außerordentlichen Kunst, die ihn immer wieder in Erstaunen versetzte; und es schien ihm unbezweifelbar, daß dies nur das Werk eines höchst vollkommenen, ja über aller Vollkommenheit stehenden Urhebers sein könne, denn «vor Ihm ist nichts verborgen, was in den Himmeln und was auf Erden ist, und sei es auch noch so leicht wie eine Ameise; sei es aber auch noch kleiner und oder auch schwerer.» Er betrachtete aufmerksam die verschiedenen Tierarten, um herauszufinden, wie jede einzelne beschaffen sei und welchen Gebrauch sie von dieser Beschaffenheit mache. Denn hätte Er nicht jedes Tier gelehrt, die ihm gegebenen Glieder und Organe dazu zu gebrauchen, in den Genuß bestimmter Vorteile zu kommen, so würden sie dem Tier nichts nützen und wären ihm zur Last. Er wußte nun, daß Er der Großmütigste der Großmütigen, der Barmherzigste der Barmherzigen ist. Und immer wenn er auf der Welt etwas sah, das mit Schönheit, Pracht, Vollkommenheit, Stärke oder irgendwelcher Überlegenheit begabt war, erkannte er in ihm, nach einigem Nachdenken, eine Emanation des Schöpfers, eine Wirkung seines Seins und Handelns.

Er begriff also, daß das, was ihm seiner Essenz nach angehört, noch größer ist als alles dies, vollkommener, vollendeter, schöner, großartiger, dauerhafter und unvergleichbar allem übrigen. Er ruhte nicht, bis er alle Formen der Vollkommenheit erforscht hatte; und er sah, daß alle Ihm angehören, von Ihm herkommen, und daß Er ihrer weit würdiger ist als alle Wesen, die außer ihm damit begabt sind. Er untersuchte auch alle Formen des Mangels und sah, daß Er befreit und verschont davon ist. Wie könnte Er auch nicht befreit davon sein? Ist der Begriff des Mangels denn anderes als der reinen Nicht-Seins oder dessen, was damit zusammenhängt? Und wie könnte das Nicht-Sein verbunden oder vermischt sein mit Dem, der reines Sein ist und notwendig seinem Wesen nach? Er schenkt allem, das existiert, die Existenz, denn es gibt sie nur in Ihm, der die Existenz ist, die Vollkommenheit, die Fülle, die Schönheit, der Glanz, die Macht, das Wissen, der Er ist? «Alle Dinge werden untergehen, nur sein Angesicht nicht.»

So stand es mit seinem Wissen gegen Ende des fünften Jahrsiebt seines Lebens, das heißt, als er fünfunddreißig Jahre alt war. Das Interesse, das er jetzt für diesen Urheber hegte, hatte so tiefe Wurzeln in seinem Herzen geschlagen, daß er an nichts anderes mehr dachte als Ihn; er vernachlässigte seine Studien, die Nachforschungen über die Geschöpfe der Erde, denen er sich bislang gewidmet hatte. Darüber erreichte er den Punkt, da er den Blick nicht länger auf irgend etwas richten konnte, ohne darin sofort einen Beweis für Genialität zu sehen und ohne seine Gedanken sogleich auf seinen Schöpfer zu richten und länger bei dem Geschaffenen zu verweilen. So kam es, daß er sich Ihm zuwandte mit leidenschaftlichem Eifer und sein Herz sich völlig von der Welt der Sinne befreite, um sich der Welt des Geistes zu verbinden.

Nachdem er solcherart zur Kenntnis dieses beständigen Wesens gelangt war, dessen Existenz keine Ursache hat und das die Ursache der Existenz von allem ist, wollte er wissen, wodurch er diese Kenntnis erlangt hatte, dank welchen

Vermögens er dieses Wesen wahrgenommen. Er ging alle seine Sinne durch, Gehör, Gesicht, Geruch, Geschmack, Gefühl, und bemerkte: Sie alle erfassen nur Körper oder was in Körpern ist. Das Gehör nimmt lediglich die Töne wahr, welche aus den Schwingungswellen der Luft entstehen, wenn Körper zusammenstoßen; das Gesicht nimmt einzig Farben wahr, der Geruch Gerüche, der Geschmack, was Geschmack hat, das Gefühl Temperaturen, Hartes und Weiches, Rauhes und Glattes; desgleichen erreicht das Vorstellungsvermögen nur das, was Länge, Breite und Tiefe hat. Alles dies Wahrgenommene ist Eigenschaft des Körpers; und nichts anderes können die Sinne erfassen, da sie über den Körper verteilte Vermögen sind und teilbar deren Teilung entsprechend: Auch nehmen sie nur Körper wahr, die für Teilung empfänglich sind. Denn wenn diese Vermögen, seien sie nun Empfindungs- oder Vorstellungsvermögen, auf Teilbares verteilt sind, so muß auch jeder von ihnen erfaßte Gegenstand den Teilungen der Vermögen entsprechend geteilt sein. Und folglich erfaßt jedes in einem Körper ausgegossene Vermögen nur Körper oder das, was in Körpern ist. Nun aber wußte er bereits, daß dieses notwendige Wesen völlig frei ist von körperlichen Eigenschaften; es ließe sich folglich nur fassen durch etwas, das weder Körper noch in einen Körper ausgegossenes Vermögen oder etwas irgendwie vom Körper Abhängiges wäre; auch dürfte es dem Körper weder innerlich noch äußerlich sein, ihm weder verbunden, noch von ihm getrennt sein. Es war ihm von nun an klar, daß er dieses Wesen durch seine eigene Essenz wahrnahm, und daß dessen Begriff eingegraben war in ihm; woraus er schloß, daß seine eigene Essenz, durch die er jene andere wahrnahm, etwas Unkörperliches war, etwas, dem keine körperlichen Eigenschaften zukämen; daß der ganze äußerliche und körperliche Teil, den er an ihm wahrnähme, nicht seine wahre Essenz sei, und daß seine wahre Essenz nur in dem bestehe, durch das er des notwendig existierenden Wesens gewahr wurde.

Nachdem er nun wußte, daß seine Essenz nicht diese Ansammlung von Körperlichem war, die er mit den Sinnen wahrnahm und deren Hülle seine Haut bildete, fühlte er nur mehr höchste Verachtung für seinen Körper, und er fing an, nachzudenken über diese edle Essenz, durch die er jenes edle und notwendige Wesen wahrnahm. Er fragte sich, ob diese edle Essenz vergehen könne oder verderben und sich auflösen, oder ob sie von ewiger Dauer wäre. Und er entdeckte, daß die Verwesung, die Auflösung ein Erbteil der Körper ist und darin besteht, daß diese sich einer Form begeben, um eine andere anzunehmen: Wenn zum Beispiel Wasser zu Luft oder Luft zu Wasser wird; wenn Pflanzen zu Erde oder Asche werden, und wenn Erde zu Pflanze wird; denn dies ist der Begriff von Auflösung. Doch die Auflösung von etwas, das kein Körper ist, zu seinem Fortbestehen keines Körpers bedarf, dem die Körperlichkeit also völlig fremd ist, läßt sich schlechterdings nicht vorstellen.

Als er nun die Gewißheit erlangt hatte, daß seine wahre Essenz nicht untergehen könne, wollte er wissen, was aus ihm werden würde, wenn sie sich vom Leib befreit und diesen hinter sich gelassen hätte. Er war bereits der Überzeugung, daß sie den Leib erst verläßt, wenn er ihr nicht länger mehr als Werkzeug angemessen ist. So ging er alle Wahrnehmungsvermögen durch und sah, daß jedes von ihnen manchmal der Potenz und manchmal dem Akt nach wahrnimmt. Wenn beispielsweise das Auge geschlossen oder von dem sichtbaren Gegenstand abgewandt ist, nimmt es der Potenz nach wahr: Der Potenz nach wahrnehmen bedeutet, daß es nicht in diesem Augenblick wahrnimmt, aber doch in der Zukunft wahrnehmen kann. Ist das Auge hingegen geöffnet und dem sichtbaren Gegenstand zugewandt, so nimmt es dem Akt nach wahr: Dem Akt nach wahrnehmen bedeutet, daß es in diesem Augenblick wahrnimmt. Gleicherweise kann jedes Vermögen der Potenz und dem Akt nach wahrnehmen. Hat es freilich niemals dem Akt nach wahrgenommen, so wird es, solange es in der Potenz verharrt, kein Verlangen haben, einen ihm angemessenen Gegenstand wahrzunehmen. Es hat noch keinen Begriff davon, wie zum Beispiel ein Blindgeborener. Hat ein solcher einmal dem Akt nach wahrgenommen, und ist seine Wahrnehmung dann wieder bloße Potenz, so wird diese, solange sie in der Potenz verharrt, ein Verlangen haben, dem Akt nach wahrzunehmen, weil sie jetzt das wahrnehmbare Objekt kennt, sich ihm verbunden hat und eine Neigung für es hegt. Das gleiche gilt für jemand, der klar sah, dann aber blind wurde: Stets sehnt er sich danach, die sichtbaren Gegenstände wiederzusehen. Je größer die Vollkommenheit, der Glanz, die Schönheit des wahrnehmbaren Gegenstandes ist, desto heftiger ist das Verlangen, das er erweckt, und desto lebhafter der Schmerz, den sein Verlust verursacht. Deshalb ist der Schmerz dessen, der sein Augenlicht verliert, nachdem er sich seiner erfreut hat, größer als der Schmerz dessen, der seinen Geruchssinn verliert; denn die Gegenstände, die das Gesicht wahrnimmt, sind vollkommener und schöner als die Gegenstände des Geruchssinns. Gäbe es also etwas unendlich Vollkommenes, etwas, dessen Schönheit, Pracht keine Grenzen kennte und das über alle Vollkommenheit, Schönheit, Pracht erhaben wäre, etwas, das so beschaffen wäre, daß alle Vollkommenheit, Schönheit, Pracht, aller Zauber von ihm käme, ausströmte aus ihm, dann müßte derjenige, der die Wahrnehmung eines solchen Dinges verlöre, kaum daß er sie gekannt hätte, fraglos unendlichen Schmerz empfinden, so lange der Verlust dauerte, und desgleichen müßte derjenige, der diese Wahrnehmung beständig hätte, fortdauernde Lust, Glückseligkeit, unendliche Freude und Jubel empfinden.

Nun aber hatte er bereits die Gewißheit, daß das notwendige Wesen alle Attribute der Vollkommenheit besitzt, während die Attribute der Mangelhaftigkeit ihm fremd sind und es davon ausgenommen ist. Zudem war er sicher, daß das, was die Wahrnehmung ihm davon vermittelte, nichts mit dem Körper zu tun hat und nicht mit diesem zugrundegeht. Er zog hieraus die folgenden Schlüsse: Wenn das, was eine solche der Wahrnehmung fähige Essenz besitzt, im Tod sich vom Leib trennt, so kann dreierlei der Fall sein: Entweder ist es in seinem früheren Leben, während es sich des Körpers bediente, nie zu einem Begriff dieses notwendigen Wesens gelangt, hat sich nie mit ihm vereint, nie von ihm sprechen hören. In diesem Fall sehnt es sich, wenn es vom Körper getrennt ist, nicht nach diesem Wesen und leidet nicht darunter, seiner beraubt zu sein; die körperlichen Vermögen verschwinden indessen alle mit dem Körper und haben folglich kein Verlangen mehr nach den ihnen angemessenen Gegenständen, hegen keine Neigung mehr für sie, leiden nicht, wenn sie ihrer beraubt sind. Dies ist der Fall bei allen vernunftlosen Tieren, seien sie nun von menschlicher Gestalt oder nicht. – Oder es ist in seinem früheren Leben, während es sich des Körpers bediente, zum Begriff dieses Wesens gelangt, hat seine Vollkommenheit und Schönheit kennengelernt, aber sich von ihm abgewandt, um seinen Leidenschaften zu folgen, und wurde in diesem Zustand vom Tod überrascht. In diesem Fall ist es der unmittelbaren Anschauung beraubt, empfindet jedoch brennende Sehnsucht nach ihr, und ist langer Qual ausgesetzt, endlosem Leiden, und muß entweder nach langer Prüfung von diesen Übeln erlöst werden und die Anschauung dessen, was Gegenstand seines Verlangens war, wiedererlangen, oder aber es muß den Neigungen entsprechend, die es während seines körperlichen Lebens für das eine oder das andere der beiden Schicksale bekundete, seiner Qual für immer überlassen bleiben. Oder aber es ist zum Begriff dieses notwendigen Wesens gelangt, bevor es sich vom Körper trennte, es hat sich ihm voll und ganz zugewandt, sich befleißigt, über seine Herrlichkeit, seine Schönheit, seinen Glanz nachzusinnen, und hat sich nicht von ihm abgewandt, bis der Tod es im Zustand der Kontemplation und aktuellen Anschauung überraschte. In diesem Fall, vom Leib getrennt, verbleibt es in unendlicher Lust, in Glückseligkeit, Freude und immerwährender Zufriedenheit, weil die Anschauung, die es von diesem notwendigen Wesen hat, keine Unterbrechung erleidet, und weil sie rein ist und unvermischt. Es ist nunmehr befreit von dem Sinnlichen, das durch jene körperlichen Vermögen bedingt war und, im Vergleich zu diesem Zustand, nichts als Qual, Übel und Behinderung bedeutet. Es stand für ihn jetzt fest, daß seine wesensmäßige Vollendung und Glückseligkeit im fortdauernden Akt intuitiven Anschauens dieses notwendigen Wesens bestand und er sich auch nicht für die Dauer eines Augenblicks abwenden durfte; überraschte ihn dann der Tod, würde sein Glück anhalten und kein Schmerz es trüben.

Darauf fragte er sich, wie er dieses Anschauen in einen fortdauernden Akt zu verwandeln vermöchte, dergestalt, daß es ihm nie in den Sinn käme, sich davon abzuwenden. Für einen Augenblick richtete er seine Gedanken ganz auf jenes Wesen; aber bald hielt irgendein Sinnesobjekt seinen Blick fest, drang der Schrei eines

Tieres an sein Ohr, bot ein Bild sich seinem Geist; oder aber eines seiner Glieder schmerzte ihn, er verspürte Hunger, Durst, Kälte oder Hitze, fühlte das Bedürfnis, sich zu erheben und zu erleichtern. In seinem Nachdenken gestört und aufgescheucht aus dem Zustand, in dem er sich befand, gelang es ihm nur mit großer Mühe, sich wieder zu sammeln und zum Zustand der Intuition zurückzufinden; zudem fürchtete er, der Tod möchte ihn in einem Augenblick überkommen, da er nicht darauf gefaßt wäre und sich hätte ablenken lassen, und ihn in ewiges Unglück, in den Schmerz der Trennung stürzen.

Diese Lage war schwer zu ertragen, doch er wußte nicht, wie ihr abzuhelfen. So machte er sich daran, die Tierarten durchzugehen, betrachtete ihre Handlungen und Neigungen in der Hoffnung, unter ihnen welche zu finden, die eine Vorstellung von jenem Wesen hätten und sich um es bemühten. Vielleicht könnte er von ihnen etwas lernen, das seinem Heil diente. Aber er sah, daß sie allesamt nur damit beschäftigt waren, sich Nahrung zu verschaffen, ihren Hunger und Durst zu stillen, dem Geschlechtstrieb nachzugehen oder Schatten und Wärme zu suchen. Tag und Nacht waren sie davon in Anspruch genommen, bis ihre Zeit um war und sie starben; nicht eines fand er, das als Ausnahme irgendeiner anderen Beschäftigung sich widmete. Daraus schloß er, daß sie dieses Wesen nicht kannten, kein Verlangen nach ihm empfanden, sich nicht um seine Kenntnis mühten, und daß sie alle einem dem Nichts ähnlichen Zustand entgegengingen. Als er dieses Urteil über die Tiere gefällt hatte, begriff er, um wieviel mehr es erst auf die Pflanzen zutreffen würde, weil diese nur über einen Teil der Wahrnehmungen verfügen, die den Tieren eigen sind: Wenn schon der mehr mit Wahrnehmung Begabte nicht zu dieser Kenntnis gelangt, wie sollte dann der weniger mit ihr Begabte zu ihr gelangen. Zumal da er sah, daß alle Handlungen der Pflanzen sich auf Ernährung und Fortpflanzung beschränken.

Anschließend betrachtete er die Sterne und die Sphären. Er sah, daß alle ihre Bewegungen festgelegt sind und ihre Bahn gewissen Gesetzen folgt; daß sie durchsichtig und leuchtend sind, dem Wandel und der Auflösung entzogen. Er hielt es für höchstwahrscheinlich, daß sie außer ihren Körpern Essenzen hatten, die dieses notwendige Wesen kannten, und daß diese denkenden Essenzen weder Körper, noch Körpern Eingeprägtes seien. Und warum sollten sie nicht solche der Körperlichkeit fremden Essenzen haben, wenn doch er eine hatte, er, der so schwach war und so sehr von Sinnesdingen abhängig? Denn er bildete Teil der vergänglichen Körper und hatte dennoch, trotz seiner Gebrechlichkeit, eine den Körpern fremde und unvergängliche Essenz. Daraus schloß er, daß dies für die Himmelskörper noch viel mehr zutreffen mußte, daß sie Kenntnis haben von diesem notwendigen Wesen und es in ewiger Gegenwärtigkeit erschauen; denn nichts findet sich an den Himmelskörpern, das den Hindernissen vergleichbar wäre, die von Sinnesdingen herrühren und die Fortdauer seines Anschauens stören.

Daraufhin fragte er sich, weshalb unter allen Tierarten allein er den Vorzug dieser Essenz besitze, die ihn den Himmelskörpern ähnlich machte.

Nun hatte er sich aber schon früher, im Zusammenhang mit den Elementen und der Verwandlung des einen in das andere, davon überzeugt, daß nichts auf der Erde seine Form bewahrt, sondern daß Werden und Vergehen stets aufeinander folgen; daß die meisten dieser Körper Mischungen sind, zusammengesetzt aus Gegensätzlichem, und daß sie deshalb zur Auflösung streben; daß sich an ihnen nichts Reines findet, und daß die, welche sich der Reinheit nähern, der Abwesenheit von Mischung und Verfälschung, kaum Gegenstand von Auflösung sind wie Gold und Diamant. Und da die Himmelskörper einfach sind und rein, können sie der Auflösung und dem Wechsel der Formen folglich nicht unterworfen sein. Zur Gewißheit war ihm auch geworden, daß es in der Welt von Werden und Vergehen Körper gibt, deren Essenz aus einer einzigen, dem Begriff der Körperlichkeit hinzugefügten Form besteht: die vier Elemente; und es gibt andere, deren Essenz aus mehreren Formen besteht, wie die Pflanzen und Tiere. Und etwas, dessen Essenz aus einer kleineren Zahl von Formen zusammengesetzt ist, hat auch weniger Aktwirklichkeit, es ist dem Leben ferner; ist es völlig ohne Form, so hat es keinerlei Zugang zum Leben, ist in einem dem Nichts ähnlichen Zustand. Besteht die Essenz von etwas aus zahlreicheren Formen, so sind dessen Akte zahlreicher, und es findet leichter Zugang zum Leben; und ist diese Form so beschaffen, daß sie nicht, unter gar keinen Umständen, von der Materie getrennt werden kann, für die sie ausschließlich bestimmt ist, dann ist das Leben am offenkundigsten, dauerhaftesten und kräftigsten. Etwas völlig ohne Form ist die Hyle, die Materie; sie hat kein Leben, sie gleicht dem Nichts. Aus einer einzigen Form bestehen die vier Elemente, die in der Welt von Werden und Vergehen auf der niedrigsten Seinsstufe stehen; aus ihnen sind die mit mehr als einer Form begabten Dinge gebildet. Aber da diese Elemente sich nur in einer einzigen Bewegung bewegen, haben sie ein äußerst schwaches Leben; und wenn sie ein schwaches Leben haben, so auch deshalb, weil jedes von ihnen einen klar erkennbaren Gegenspieler hat, der seinem natürlichen Streben sich widersetzt und es seiner Form zu berauben sucht; infolgedessen fehlt es ihrer Existenz an Stabilität und ist ihr Leben schwach. Kräftiger als das Leben der Elemente ist das der Pflanzen; und das Leben der Tiere gibt sich noch offener kund. Denn überwiegt in einer dieser Zusammensetzungen die Art eines der Elemente, so gewinnt dieses die Oberhand über die anderen Elemente, neutralisiert deren Kräfte, und die Zusammensetzung, die solcherart unter dem Einfluß des herrschenden Elements steht, kann in der Folge nur mehr kümmerlich ihr Leben fristen, wie auch das Element selbst nur mehr eines rudimentären und kraftlosen Lebens fähig ist. Ist in der Zusammensetzung andererseits aber nicht die Art eines bestimmten Elementes vorherrschend, so stehen die Elemente darin im rechten Verhältnis zueinander und befinden sich in einem vollkommenen Gleichgewicht; keines neutralisiert die Kraft eines anderen mehr als jenes die Kraft von ihm, und ihre Einwirkungen aufeinander sind gleichwertig; kein Element tritt in der Zusammensetzung stärker hervor, keines dominiert, und weit davon entfernt, einem ihrer Elemente zu gleichen, ist es, als enthielte diese Zusammensetzung nichts Gegensätzliches; hieraus ergibt sich, daß sie zum Leben fähig ist. Je ausgeglichener, vollkommener und von seinem Gegenteil entfernter nun dieses Gleichgewicht ist, desto weiter ist auch die Zusammensetzung davon entfernt, ein Gegenteil zu haben, und desto vollkommener ist ihr Leben.

Weil nun der Lebensgeist, da er im Herzen seinen Sitz hat, da er feiner als Erde und Wasser, dichter als Feuer und Luft ist, einen hohen Grad von Gleichgewicht verwirklicht, hält er genau die Mitte, leistet ihm keines der Elemente offenen Widerstand und ist er folglich der Form der Animalität geneigt.

Er sah, daß sich aus diesen Prämissen notwendigerweise die folgenden Konsequenzen ergaben:

In der Welt von Werden und Vergehen ist unter allen Lebensgeistern des vollkommensten Lebens fähig derjenige, der sich im besten Gleichgewicht befindet; fast könnte man von diesem Geist sagen, seine Form habe kein Gegenteil und er sei deshalb den Himmelskörpern ähnlich, deren Formen kein Gegenteil kennen. Zudem bewegt sich der Geist eines solchen Tieres, das wirklich Mittler zwischen den Elementen ist, weder im absoluten Sinn aufwärts noch abwärts; und könnte er genau auf halbem Wege plaziert werden zwischen Erdmitte und dem höchsten Punkt, bis zu dem Feuer reicht, ohne sich zu zersetzen, so würde er dort reglos verharren, ohne nach oben oder nach unten zu streben; veränderte er seinen Standort, so würde er sich um eine Mitte drehen wie die Himmelskörper; bewegte er sich auf der Stelle, so würde er sich dabei um sich selber drehen; und er wäre notwendigerweise von kugelförmiger Gestalt. Folglich hat der Lebensgeist starke Ähnlichkeit mit den Himmelskörpern.

Da er bei der genauen Betrachtung ihrer Seinsweisen nichts fand, das ihm die Vermutung nahelegte, die Tiere hätten einen Begriff vom notwendigen Wesen, während er doch wußte, daß seine eigene Essenz den Begriff davon besaß, gelangte er zu dem Schluß, daß er das mit einer vollkommenen, im Gleichgewicht befindlichen Seele begabte Tier sei: das den Himmelskörpern gleiche Tier. Er begriff, daß er einer Tierart angehörte, die von den anderen verschieden war, daß er zu einem anderen Zweck geschaffen und zu etwas so Großem bestimmt war wie sonst keine Tierart. Es war ein hinreichendes Merkmal seines Adels, daß der niedrigere der beiden Teile, aus denen er zusammengesetzt war, der körperliche, von allem der den himmlischen, der Welt von Werden und Vergehen fernen, den Akzidenzen des Mangels, der Verwandlung und des Wechsels baren Substanzen ähnlichste Teil war. Und der edelste seiner beiden Teile war das, wodurch er das notwendige Wesen kannte: Dieses Denkende war etwas Höchstes, Göttliches, Unveränderliches, der Auflösung Entzogenes, allen Bestimmungen des Körpers Fremdes, unerreichbar Sinnen wie Vorstellungskraft, unerkennbar jedem Erkenntnismittel, das nicht es selber war, doch erkennbar sich selbst, etwas, das Intelligentes, Intelligibles und Intelligenz, Erkennendes, Erkennbares und Erkenntnis in einem ist, frei von irgendwelcher Mannigfaltigkeit, denn Mannigfaltigkeit und Trennung sind Attribute der Körper, Zubehör, während es doch an ihm weder Körper, noch Attribut oder Zubehör eines Körpers gibt. Als er nun verstanden hatte, wodurch von allen Tierarten allein er den Himmelskörpern ähnlich war, hielt er sich für verpflichtet, sie sich zum Vorbild zu nehmen, ihre Handlungen nachzuahmen und sich nach Kräften zu bemühen, ihnen noch ähnlicher zu werden.

Desgleichen sah er, daß er durch den edelsten Teil seiner selbst, der ihm Kenntnis gab vom notwendigen Wesen, eine gewisse Ähnlichkeit mit diesem Wesen aufwies, insofern dieser Teil so frei war von körperlichen Attributen, wie das notwendige Wesen davon frei ist. Es bestand mithin auch für ihn die Verpflichtung, sich anzustrengen, um überall da, wo dies möglich war, selber dessen Qualitäten zu erwerben, dessen Charakter anzunehmen, seine Taten nachzuahmen, sich mit Eifer der Erfüllung seines Willens zu widmen, sich ihm hinzugeben, äußerlich und innerlich in seine Fügungen einzuwilligen, und zwar von ganzem Herzen und bis zu dem Grad der Freude, auch wenn seine Ratschlüsse für den Körper Schmerz, Schaden oder sogar völlige Zerstörung bedeuten. Außerdem sah er, daß er durch den niederen Teil seiner selbst eine gewisse Ähnlichkeit mit allen Tierarten aufwies; sein Körper gehörte zur Welt von Werden und Vergehen, war finster und gemein und forderte von dieser Welt allerlei sinnliche Dinge wie Speise, Trank und geschlechtliche Vereinigung. Er sah auch, daß dieser Körper ihm nicht ohne Grund gegeben, ihm nicht ohne Nutzen verbunden worden war, daß er daher die Pflicht hatte, sich um ihn zu kümmern, ihn zu erhalten; aber er konnte seine Schuldigkeit nur tun, wenn er sich auf Handlungen einließ, die jenen der Tiere glichen.

Die Handlungen, zu denen er verpflichtet war, schienen ihm von dreierlei Art zu sein:

Handlungen, durch die er sich den vernunftlosen Tieren gleichmachen würde;

Handlungen, durch die er sich den Himmelskörpern gleichmachen würde;

Handlungen, durch die er sich dem notwendigen Wesen gleichmachen würde.

Die erste Gleichmachung wurde ihm dadurch auferlegt, daß er einen finsteren, mit einzelnen Gliedern, unterschiedlichen Vermögen versehenen und von mannigfaltigen Begierden erfüllten Körper besaß.

Die zweite Gleichmachung wurde ihm dadurch auferlegt, daß er den im Herzen wohnenden Lebensgeist besaß, das Prinzip des Körpers als Ganzes und der Vermögen in ihm.

Die dritte Gleichmachung wurde ihm dadurch auferlegt, daß er er selber war, d. h. dadurch, daß er die Essenz war, durch die er das notwendige Wesen kannte; und er wußte bereits: Sein Glück, sein Heil und seine Erlösung vom ewigen Übel beruhten auf dem fortdauernden Anschauen dieses notwendigen Wesens, sie forderten, daß er sich nicht wieder von ihm abwandte, sei es auch nur für einen Augenblick.

Anschließend fragte er sich, auf welche Weise er zu dieser Fortdauer gelangen könne; und seine Überlegungen führten ihn zu dem Schluß, daß er an diesen drei Arten von Gleichmachung arbeiten müsse. – Was die erste anbelangt, so trug sie in keiner Weise bei zur Erlangung dieser geistigen Schau; sie konnte ihn nur davon ablenken, ihm hinderlich sein, weil sie sich nur auf Sinnesdinge bezieht und alle Sinnesdinge wie ein Schleier sind, der dieses geistige Schauen behindert. Doch diese Gleichmachung ist unerläßlich für die Erhaltung des Lebensgeistes, durch den die zweite Gleichmachung geschieht, die Angleichung an den Himmelskörper; und von daher ist sie notwendig, obwohl sie nicht frei ist von den angeführten Hindernissen. – Was die zweite Gleichmachung anbelangt, so würde sie ihm einen großen Teil des fortdauernden Schauens ermöglichen. Aber dieses Schauen ist nicht ohne Beimischung; denn derjenige, der diese Art von fortdauerndem Schauen erreicht hat, ist sich zugleich seiner eigenen Essenz bewußt und hält den Blick auf sie gerichtet, wie später gezeigt werden wird. – Die dritte Gleichmachung schließlich vermittelt das reine Schauen, das absolute Aufgehen, das jeden Blick ausschließt, der nicht dem notwendigen Wesen gilt. Wer zu diesem Schauen gelangt, dem ist die eigene Essenz nicht länger gegenwärtig, sie hat sich aufgelöst, sie ist verschwunden wie all die anderen Essenzen, so zahlreich sie sein mögen, und es bleibt nur die Essenz des Einzigen, des Wahren, des Notwendigen, Großen, Erhabenen und Allmächtigen.

Da er begriffen hatte, daß höchstes Ziel seiner Wünsche diese dritte Gleichmachung war, doch daß er sie nur durch Übung und nach langer Beschäftigung mit der zweiten Gleichmachung zu erreichen vermöchte, und daß sein Fortbestehen während dieser Zeit nur durch die erste

Gleichmachung ermöglicht wurde, die, obwohl notwendig, nichtsdestoweniger, wie er wußte, als Essenz hinderlich, als Akzidenz jedoch förderlich war, gebot er sich, dieser ersten Gleichmachung sich nur hinzugeben so weit wie nötig d. h. nur in dem Maße, wie es zur Erhaltung des Lebensgeistes nötig war. Und er fand, daß zweierlei erforderlich ist, damit der Lebensgeist erhalten bleibt. Zunächst etwas, das ihn innerlich unterhält und seine Verluste ausgleicht: das heißt Nahrung. Sodann etwas, das ihn äußerlich schützt und alles Schädliche von ihm fernhält, Kälte, Hitze, Regen, Sonnenglut, gefährliche Tiere und dergleichen. Er sah, daß er der Gefahr sich aussetzte, in Ausschweifung zu verfallen, davon mehr als nötig zu nehmen und unwissentlich gegen sich selbst zu arbeiten, so er ohne Maß und bloßem Zufall der Umstände gehorchend von dem verbrauchte, was zur Seinserhaltung erforderlich ist. Er gelangte deshalb zu dem Schluß, daß er sich selber Grenzen setzen müsse, die er nicht überschritte, ein Maß, über das er nicht hinausginge; und es war ihm klar, daß diese Festlegung auf die Art der Dinge sich beziehen mußte, die ihm als Nahrung dienten, auf ihre Menge und die Abstände zwischen den Mahlzeiten.

Zuerst ging er die Gattungen all der Dinge durch, von denen er sich nährte, und fand, daß es deren drei gab: die Pflanzen, die noch nicht ausgewachsen waren und deren Entwicklung noch nicht abgeschlossen ist d. h. die verschiedenen Arten von Kräutern, die eßbar sind; Früchte von voll ausgeformten, am Ende ihres Lebenszyklus angelegten Pflanzen, die Samen getragen haben, damit neue Pflanzen ihrer Art daraus entstehen d. h. die verschiedenen Arten frischer oder trockener Früchte; schließlich eßbare Tiere des Landes und des Wassers. Nun wußte er aber bereits, daß alle diese Gattungen das Werk des notwendigen Wesens sind, in dessen Annäherung und Nachahmung, wie er wußte, sein Glück lag. Ganz bestimmt würde die Tatsache, daß er sich von ihnen nährte, sie daran hindern, ihre Vollendung zu erreichen und stellte einen Eingriff dar in ihre letzte Bestimmung. Es bedeutete, den Absichten der wirkenden Kraft sich zu widersetzen, und dieser Widerstand behinderte die Verwirklichung seines Zieles, das doch darin bestand, sich ihr anzunähern und ihr ähnlich zu werden. Am besten, er entsagte überhaupt so weit wie möglich jeglicher Nahrung. Doch dies ginge nicht; denn solche Entsagung liefe auf Zerstörung seines Körpers hinaus, was den Absichten seines Schöpfers entgegen war und einen noch größeren Widerstand bedeutet hätte, denn er war edler als all das, wessen Zerstörung die Bedingung seiner Erhaltung war. Er fügte sich daher in das kleinere der beiden Übel, erlaubte sich die geringere der beiden Arten von Widerstand. Er beschloß, mit jenen der verschiedenen Gattungen sich zu bescheiden, die er bei der Hand hätte, und zwar in dem Maße, wie er das gerade für angebracht hielte. Wären sie alle in seiner Reichweite, mußte er wohl mit sich zu Rate gehen und von ihnen auswählen, wessen Wegnahme dem Wirken des Schöpfers am wenigsten entgegen wäre wie zum Beispiel Früchte, die voll ausgereift sind und keimfähige Samen enthalten. Er mußte nur dafür sorgen, daß diese Samen nicht aufgegessen, zerstört oder an einen Ort geworfen würden, der ungeeignet wäre für ihr Gedeihen wie Felsen, salziger Boden und ähnliches. Wären solche Früchte mit eßbarem Fleisch wie Äpfel, Birnen, Pflaumen und dergleichen nicht zu finden, so könnte er entweder Früchte nehmen, an denen nur die Samen selbst eßbar sind wie Nüsse und Kastanien, oder aber Kräuter, die noch nicht voll entwickelt sind. Er müßte nur darauf achten, daß er sich an diejenigen Pflanzen hielte, die am zahlreichsten vorhanden waren und sich am leichtesten fortpflanzen, und daß er sie nicht mit den Wurzeln ausrisse und nicht unnötig ihre Samen beschädigte. Falls es daran mangelte, könnte er Tiere oder deren Eier nehmen, doch auch von ihnen nur jene, die in größerer Anzahl vorhanden waren, damit keine Art ausgerottet würde. Dies sind die Gebote, die im Hinblick auf seine Ernährung zu befolgen er sich vornahm.

Was die Nahrungsmenge anbelangt, so beschloß er, sich gerade nur so viel zu gestatten, wie zur Stillung des Hungers ausreiche. Ähnlich hielt er es mit den Zeitabständen zwischen den Mahlzeiten: Sobald er genügend Nahrung zu sich genommen hatte, wollte er es dabei bewenden lassen und sich nicht eher auf die Suche nach anderem begeben, als bis er eine Schwachheit spürte, die ihn daran hinderte, sich jenen Handlungen zuzuwenden, die zur zweiten Gleichmachung erforderlich sind und von denen weiter unten die Rede sein wird.

Nur geringe Mühe machten ihm die Dinge, die zur Erhaltung und zum äußeren Schutz des Lebensgeistes notwendig sind. Denn er war mit Fellen bekleidet und hatte eine Unterkunft, die ihm Zuflucht bot gegen Angriffe von außen; das genügte ihm, und er hielt es für überflüssig, sich weiter damit zu beschäftigen. Was die Nahrung anbelangt, so befolgte er die Regeln, die er sich selber vorgeschrieben hatte und die gerade dargelegt worden sind.

Anschließend nahm er sich die zweite Art von Handlungen vor, d. h. jene, die der Angleichung an die Himmelskörper galten, ihrer Nachahmung und dem Erwerben ihrer Qualitäten. Er untersuchte ihre Attribute oder Merkmale und erkannte, daß sie sich in drei Klassen einteilen lassen. Die erste umfaßte Merkmale, die sie im Hinblick auf Dinge haben, die unterhalb von ihnen sind, in der Welt von Werden und Vergehen, und zwar die Wärme, die sie ihr wesenhaft, und die Kälte, die sie ihr zufällig mitteilen, das Licht, die Verdünnung und die Verdichtung, mit einem Wort, all die Veränderungen, die sie dort hervorbringen und dank derer sie die geistigen Formen annehmen können, die der mit notwendiger Existenz begabte Weltenlenker über sie ausgießt. Die zweite Klasse umfaßte Merkmale, die ihnen wesenhaft zukommen wie die Durchsichtigkeit, der Glanz, die Reinheit, das Fehlen von irgendwelcher Trübung oder Schmutzung, die Kreisbewegung entweder um die eigene Mitte oder um die Mitte anderer. Die dritte Klasse umfaßte die Merkmale, die ihnen im Hinblick auf das notwendige Wesen zukommen wie die Tatsache, daß sie es ewig schauen, sich nicht von ihm abwenden, ihm mit Liebe anhangen, nach seinen Befehlen sich richten, in die Verwirklichung seiner Ziele sich fügen, nur nach seinem Willen und seinen Winken sich bewegen. Er setzte alles daran, ihnen in jeder dieser drei Klassen von Merkmalen ähnlich zu werden.

Ähnlichkeit erreichte er mit ihnen in der ersten Klasse, indem er es sich zur Pflicht machte, jedem Tier, jeder Pflanze, die unter einem Mangel, einem Übel, einem Schaden, einem Hindernis litten, von denen er sie befreien könne, sofort zu Hilfe zu kommen: Sobald sein Blick auf eine Pflanze fiel, der ein Gegenstand schirmgleich das Sonnenlicht entzog oder der eine andere Pflanze so zusetzte, daß sie ihr schadete, oder der die Gefahr drohte, daß sie verdorrte, bemühte er sich, das Hindernis zu beseitigen, die schädliche Pflanze vorsichtig zu entfernen oder die welkende zu begießen, sooft er nur konnte. Fiel sein Blick auf ein Tier, das unter Hunger oder Durst litt, von einem Raubtier bedrängt wurde, in einer Schlinge sich gefangen oder an einem Dorn sich verletzt hatte, oder in dessen Auge oder Ohr ein schädlicher Gegenstand eingedrungen war, so ging er mit Eifer daran, es von all dem zu befreien, verschaffte ihm zu essen und zu trinken. Fiel sein Blick auf Wasser, das Pflanzen oder Tieren als Tränke diente, aber von Steinen, Schlamm oder irgendeinem anderen Hindernis in seinem Lauf gehemmt wurde, so räumte er dieses Hindernis beiseite. Er ließ von dieser Art fleißiger Bemühung um Angleichung nicht eher ab, als bis er Vollkommenheit erreicht hatte.

In der zweiten Klasse erreichte er Ähnlichkeit mit ihnen, indem er sich beständig zur Reinlichkeit anhielt: Er befreite seinen Körper von allem

Schmutz, allem Unflat, indem er sich häufig mit Wasser wusch, die Nägel, Zähne und verborgene Teile des Körpers säuberte und sie mit Hilfe duftender Kräuter und verschiedener Arten von Schönheitsmitteln so wohlriechend wie möglich machte, und indem er seine Kleider oft reinigte und auslüftete, bis daß er von Schönheit, Gepflegtheit, Sauberkeit und Wohlgeruch geradezu glänzte. Außerdem vollführte er allerlei Arten von Kreisbewegung: Bald unternahm er einen Rundgang um die Insel, wobei er sich an die Küste hielt und die verschiedensten Gegenden durchstreifte, bald umschritt er sein Haus oder machte eine bestimmte Anzahl von Runden, wobei er sich manchmal auf die übliche Weise, manchmal im Laufschritt bewegte; bald drehte er sich um sich selbst, bis daß Schwindel ihn erfaßte.

In der dritten Klasse erreichte er Ähnlichkeit mit den Himmelskörpern, indem er seine Gedanken auf das notwendige Wesen konzentrierte und sich völlig von der Sinnenwelt zurückzog. Er schloß die Augen, verstopfte sich die Ohren, stemmte sich mit ganzer Kraft gegen den Sog der Einbildungskraft und strengte sich aufs äußerste an, nur Ihn zu denken, und zwar Ihn ganz allein. Dazu drehte er sich um sich selbst, steigerte sich in immer rascheren Wirbel; und als seine Kreisbewegung eine bestimmte Geschwindigkeit erreicht hatte, verschwanden die Objekte der Sinneswahrnehmung, die Einbildungskraft erschlaffte und mit ihr jede Art von Vermögen, das körperlicher Werkzeuge bedarf, während sich das Wirken seiner vom Körper unabhängigen Essenz verstärkte, so daß sein Denken für Augenblicke frei von Mischung wurde und ihm die Schauung des notwendigen Wesens schenkte. Doch bald gewannen die körperlichen Vermögen wieder die Oberhand und machten diesem Zustand ein Ende, und «durch sie auf das tiefste erniedrigt» kehrte er wieder zum Ausgangspunkt zurück. Überkam ihn eine Schwäche, die ihn am Verfolgen seines Zieles hinderte, nahm er, den oben erwähnten Regeln entsprechend, ein wenig Nahrung zu sich; dann überließ er sich wieder der Arbeit der Angleichung an die Himmelskörper und widmete sich ihr für eine gewisse Zeit: Er bot alles auf gegen die körperlichen Vermögen, und sie boten alles auf gegen ihn; er kämpfte gegen sie, sie kämpften gegen ihn. Und in den Augenblicken, da er die Oberhand gewann, da sein Denken frei von Mischung war, schimmerte der Zustand vor ihm auf, der jenen eigen ist, die bei der dritten Gleichmachung angelangt sind.

Dann begann er, nach der dritten Gleichmachung zu streben und Anstrengungen zu machen, sie zu erreichen. Er dachte deshalb über die Attribute des notwendigen Wesens nach. Im Laufe seiner theoretischen Spekulationen und bevor er die praktische Seite in Angriff genommen hatte, war ihm plötzlich klar geworden, daß es zwei Arten von Attributen gibt: positive Attribute wie Wissen, Macht, Weisheit und negative Attribute wie Freisein von Körperlichkeit und den Attributen der Körper, von allem, was daraus folgt und was, selbst auf noch so entlegene Weise, damit zusammenhängt. Die positiven Attribute schließen nun aber das Freisein ein, so daß nichts ihnen anhaftet von den Attributen der Körper und besonders die Vielheit nicht. Diese positiven Attribute machen seine Essenz also nicht zu etwas Vielfachem, sie laufen alle auf einen einzigen Begriff hinaus, der seine Essenz selber ist. Er suchte also herauszufinden, wie er ihm in jeder dieser beiden Arten von Attributen ähnlich werden könne.

Was die affirmativen oder positiven Attribute anbelangt, so wußte er, daß sie alle auf seine Essenz als solche zurückgehen und keinerlei Vielfalt enthalten, da die Vielfalt ein Attribut der Körper ist. Andererseits wußte er auch, daß die Kenntnis, die er von seiner Essenz hatte, kein seiner Essenz hinzugefügter Begriff war, sondern daß seine Essenz die Kenntnis war, die er von seiner Essenz hatte; und daß die Kenntnis, die er von seiner Essenz hatte, seine Essenz war. Er begriff, daß die Erkenntnis, durch die er im Falle ihrer Erkennbarkeit die Essenz Gottes erkennen würde, kein dieser hinzugefügter Begriff wäre, sondern Gott selber; und er erkannte, daß Angleichung an Ihn durch affirmative oder positive Attribute darin bestand, nur Ihn allein zu kennen, ohne Ihm irgendein körperliches Attribut beizulegen. Dies ließ er sich nun angelegen sein.

Was die negativen Attribute anbelangt, so gehen sie alle auf Freisein von Körperlichkeit zurück. Er versuchte daher, die Attribute der Körperlichkeit aus seiner eigenen Essenz zu entfernen. Zwar hatte er schon in seinen früheren Bemühungen, sich den Himmelskörpern anzugleichen, viele von ihnen ausgeschaltet, doch es blieb noch immer eine große Zahl davon wie die Kreisbewegung – die Bewegung ist nämlich eines der für den Körper charakteristischen Attribute –, die Sorge um Tiere und Pflanzen, das Mitgefühl, das er für sie empfand, sein Bemühen, ihnen das Leben zu erleichtern; denn auch dies alles ist körperliches Attribut, da er sie ja zunächst nur durch ein Vermögen körperlicher Art bemerkt und er sich durch ein gleicherweise körperliches Vermögen bemüht hatte, ihnen nützlich zu sein. Er suchte nun alle diese Attribute aus seiner Seele zu entfernen, da keines von ihnen zu dem Zustand paßte, dem er jetzt entgegenstrebte; und er beschränkte sich darauf, unbeweglich, den Kopf vorgeneigt, die Augen geschlossen, in der Tiefe seiner Höhle zu sitzen, um den Sinnesdingen und den körperlichen Vermögen sich zu entziehen und sein Fühlen und sein Denken einzig und allein auf das notwendige Wesen zu konzentrieren. Sobald sich ihm das Bild eines anderen Gegenstands darbot, nahm er alle Kraft zusammen, es aus seiner Vorstellung zu verjagen. Diese Übung kostete ihn viel Kraft und lange Vorbereitung. Es konnte geschehen, daß er mehrere Tage nicht aß und unbeweglich auf der Stelle verharrte. Und in der Hitze des Kampfes wurde in seinem Gedächtnis und seinen Gedanken zuweilen alles ausgelöscht außer seiner eigenen Essenz. Daß diese letztere nicht verschwand, wenn er in das Schauen des Wahren und Notwendigen Wesens versunken war, betrübte ihn, denn er wußte, daß Beimischung in die reine Schau, Teilung der Aufmerksamkeit schuld daran war.

Er ließ also nicht nach in seinem Bemühen, zur Vernichtung des Bewußtseins seiner selbst zu gelangen, zum vollständigen Aufgehen in der reinen Schau des Wahren Wesens; und schließlich gelang es ihm: Alles verschwand aus seinem Gedächtnis und seinen Gedanken, «die Himmel, die Erde und alles, was dazwischen liegt,» alle geistigen Formen, alle körperlichen Vermögen, alle von der Materie getrennten Vermögen, d. h.

die Essenzen, die den Begriff des Wahren Wesens haben; und seine eigene Essenz verschwand mit diesen Essenzen. Alles dies löste sich auf, verflüchtigte sich, «wie verwehter Staub». Es blieb nur der Einzige, der Wahre, das ewige Wesen, das zu ihm spricht mit Seinem Wort, das kein Seiner Essenz hinzugefügter Begriff ist: «Wem gehört wohl die Herrschaft an jenem Tage? Nur Allah, dem Einzigen und Allmächtigen Gott.» Er begriff Sein Wort und hörte den Ruf, obwohl er keine Sprache kannte, die er zu verstehen oder zu sprechen vermocht hätte. Er versank in diesen Zustand; und es wurde ihm offenbar «was kein Auge gesehen, was kein Ohr gehört und was sich noch niemals dem Herzen eines Sterblichen erschlossen hat».

Hänge dein Herz indessen nicht an die Beschreibung von etwas, das kein menschliches Herz zu fassen vermag. Denn vieles von dem, was das Menschenherz sich vorstellt, ist schwer zu beschreiben; doch wieviel schwerer erst das, was das Herz sich unter keinen Umständen vorzustellen vermöchte, was nicht seiner Welt angehört, nicht von seiner Art ist!

Unter Herz verstehe ich nicht das «Herz» genannte Körperorgan, auch nicht den Geist, der in seiner Höhlung wohnt, sondern die Form dieses Geistes, eine Form, die durch ihre Vermögen sich ausbreitet im Körper des Menschen. Jedes der drei wird «Herz» genannt; doch mit einem von ihnen allein diese Sache zu fassen, ist unmöglich. Denn sie vermögen nur auszudrücken, was sie fassen können. Wer also für diesen Zustand einen Ausdruck fordert, der fordert Unmögliches: Genauso wie wenn jemand die Farbe von Farben durch deren Geschmack ermitteln wollte, oder wollte, daß schwarz zum Beispiel süß oder sauer sei.

Wie dem auch sei, wir werden dich nicht verlassen, ohne dir ein paar Hinweise zu geben auf die Wunder, die er von dieser Stufe aus sah. Doch werden wir dabei nicht an die Pforte der Wahrheit pochen, sondern uns an Allegorien halten; denn um zur sicheren Erkenntnis dessen zu gelangen, was auf dieser Stufe wahrgenommen wird, gibt es nur ein Mittel: sie selber erreichen. Höre nun mit den Ohren deines Herzens, sieh mit den Augen deines Geistes, was ich dir dartun werde: Vielleicht findest du darin eine Richtung, die dich auf den rechten Weg führt. Die einzige Bedingung, die ich dir auferlege: Komme mir jetzt nicht mit der Bitte, dir mündlich eine ausführlichere Erklärung zu geben als das diesen Blättern Anvertraute. Denn eng ist das Feld, und in Worte zu fassen, was sich seiner Natur nach nicht ausdrücken läßt, ist eine gefährliche Sache.

Sobald er also das Gefühl seiner und aller

Essenz verloren hatte, um nur mehr das Eine, Unveränderliche als Realität zu sehen, und sobald er wahrgenommen, was er wahrgenommen, und zurückgekehrt war aus dem rauschhaften Zustand, worin er sich befunden hatte, betrachtete er die andern Dinge aufs neue: Es wurde ihm jetzt zur Gewißheit, daß er keine Essenz besaß, durch die er sich von der Essenz des Wahren unterschied; daß seine wahre Essenz von der Essenz des Wahren war; daß das, was er früher für seine Essenz gehalten hatte, für etwas von der Essenz des Wahren Unterschiedenes, in Wahrheit nichts war, und daß es nichts gab außer der Essenz des Wahren; daß es sich damit verhielt wie mit dem Sonnenlicht, das auf die undurchsichtigen Körper fällt und an ihnen erscheint: Obwohl man es den Körpern zuschreibt, an denen es erscheint, ist es in Wirklichkeit nichts anderes als das Sonnenlicht. Verschwindet dieser Körper, verschwindet sein Licht; aber das Sonnenlicht bleibt unversehrt: Es wird nicht vermindert durch die Anwesenheit dieses Körpers; es wird nicht vermehrt durch sein Fehlen; sobald sich ein Körper findet, der ein solches Licht zurückwerfen kann, wirft er es zurück; sobald ein solcher Körper fehlt, fehlt auch das Zurückwerfen und hat keine Daseinsberechtigung.

Er wurde in diesen Gedanken bestärkt durch

das, was ihm zur Gewißheit geworden war: daß die Essenz des Wahren, Mächtigen und Großen keinerlei Vielheit zuläßt, daß die Kenntnis, die er von seiner Essenz hat, seine Essenz selbst ist; woraus sich für ihn die Folgerung ergab, daß derjenige, der zur Kenntnis Seiner Essenz gelangt, Seine Essenz besitzt. Und da er nun die Kenntnis besaß, besaß er also die Essenz. Aber diese Essenz kann nur sich selber gegenwärtig sein, und diese Gegenwärtigkeit selbst ist die Essenz; er war mithin die Essenz selbst. Das gleiche galt für die von der Materie getrennten, die wahre Essenz kennenden Essenzen, die ihm früher wie verschiedene vorgekommen waren: Sie wurden für ihn durch diesen Scheinbeweis Ein-und-dasselbe.

Vielleicht hätte sich dieser Irrtum in seiner Seele festgesetzt, wäre Gott in seiner Barmherzigkeit ihm nicht zu Hilfe gekommen, um ihn wieder auf den rechten Weg zu führen. Er sah nämlich ein, daß er sich geirrt hatte und daß schuld daran war ein Rest von körperlicher Dunkelheit und die fehlende Klarheit der Sinnesdinge: Denn das Viel und das Wenig, das Eine, die Einheit und die Vielheit, die Vereinigung und die Trennung sind ebenso sehr Bestimmungen der Körper; und diese getrennten Essenzen, die die Essenz des Wahren, Mächtigen und Großen kennen, brauchen, da sie frei sind von Materie, weder viele noch eine genannt zu werden. Die Vielheit kommt nämlich nur von der zahlenmäßigen Trennung der einzelnen Essenzen voneinander, und desgleichen besteht die Einheit nur in Vereinigung, und nichts von all dem läßt sich anders denken als in zusammengesetzten mit Materie vermischten Begriffen. Doch die rechten Worte zu finden, wird hier sehr schwierig. Denn wenn du von diesen getrennten Essenzen in der Mehrzahl sprichst, wie wir das in diesem Augenblick tun, so legt das den Gedanken nahe, es gebe in ihnen eine Vielheit, während sie doch frei sind von Vielheit; und wenn du von ihnen in der Einzahl sprichst, so legt das den Gedanken nahe, sie stellten nur eines dar, was ihnen jedoch gleichfalls entgegen ist.

Es ist mir, als sähe ich hier eine jener Fledermäuse auffliegen, denen das Auge von der Sonne schmerzt, und als hörte ich sie, die Ketten ihrer finsteren Unwissenheit schüttelnd, ausrufen: «Wirklich, deine Spitzfindigkeit geht so weit, daß sie vernünftiger Menschen spottet und das Gebot der Vernunft verwirft: denn die Vernunft gebietet, daß ein Ding entweder eines oder vieles sei.» Nun, möge sie ihren Eifer mäßigen, ihre Zunge zügeln, sich vor sich selber hüten und vom Anblick der sinnlichen und niedrigen Welt, zu der sie selber gehört, lernen. Dies tat jedenfalls Hajj ibn Jaqzan: Als er diese Welt nämlich von dem einen Standpunkt aus betrachtete, war sie in einer unmöglich zu fassenden, sich jeglicher Begrenzung entziehenden Vielheit vervielfacht; wählte er dann einen anderen Standpunkt, bildete sie eine Einheit, so daß er unsicher wurde und nicht wußte, ob er das Problem in diesem oder in jenem Sinn lösen sollte. Dennoch ist die Sinnenwelt die Heimstatt der Mehrzahl und der Einzahl; in ihr wird deren wahres Wesen erkannt; in ihr erscheinen Trennung und Vereinigung, Ortsbestimmung und zahlenmäßige Unterscheidung, Begegnung und Verstreuung. Was also über die göttliche Welt denken, auf die Wörter wie «ganz» und «teilweise» nicht passen; auf die keiner der Ausdrücke sich anwenden läßt, an die unser Ohr gewöhnt ist, ohne daß ihr dabei der Wirklichkeit Entgegengesetztes unterschoben wird; eine Welt, die nur kennt, wer sie geschaut hat, und deren wahres Wesen nur von dem erfaßt wird, der bis zu ihr gelangt ist! Was den Vorwurf anbelangt, der erhoben wurde: «Du bist dabei bis an den Punkt gelangt, wo der Verzicht auf die Eigenart des vernünftigen Menschen, die Verwerfung der Autorität der Vernunft beginnt,» so geben wir dies zu und lassen jedem seine Vernunft und seinen vernünftigen Menschen. Denn die Vernunft, von der hier die Rede ist, besteht in nichts anderem als dem Vermögen zu logischem Denken, das die einzelnen sinnlichen Dinge durchgeht, um den Allgemeinbegriff davon abzuleiten; und die erwähnten vernünftigen Menschen sind jene, die dieses spekulative Verfahren anwenden; während das Verfahren, von dem wir sprechen, über all dies erhaben ist. Möge sich doch derjenige die Ohren verstopfen, der nichts kennt außer dem sinnlich Wahrnehmbaren und seinen Allgemeinbegriffen; mögen er und seinesgleichen umkehren: «Sie erkennen nur die glänzende Außenseite des irdischen Lebens und bekümmern sich nicht um das zukünftige Leben.»

Wenn du zu jenen gehörst, die im Hinblick auf die Dinge der göttlichen Welt mit dieser Art von Andeutung und Kennzeichnung zufrieden sind, und wenn du den Ausdrücken, die wir auf Übersinnliches anwenden nicht die Bedeutung beilegst, die alltägliche Verwendung ihnen gibt, so wollen wir dir noch etwas von dem sagen, was Hajj ibn Jaqzan auf der weiter oben erwähnten Stufe derer erblickt hat, welche die Wahrheit besitzen.

Angelangt bei der völligen Auflösung, der gänzlichen Vernichtung des Selbstbewußtseins und bei der wahren Vereinigung, wurde ihm offenbar, daß die höchste Sphäre, jenseits derer es keinen Körper gibt, eine von Materie freie

Essenz besitzt, die nicht Essenz des Einen, Wahren ist, die auch nicht die Sphäre selbst ist oder etwas von dem einen und dem andern Verschiedenes, sondern wie das Bild der in einem blanken Spiegel reflektierten Sonne: Dieses Bild ist weder die Sonne noch der Spiegel oder von dem einen und dem andern Verschiedenes. Er sah, daß die Essenz dieser Sphäre, eine gesonderte Essenz, über eine Vollkommenheit, einen Glanz, eine Schönheit verfügt, die zu groß sind, als daß Sprache sie auszudrücken, zu fein, als daß die Form von Buchstaben und Lauten sie zu fassen vermocht hätten. Er sah, daß diese Essenz durch die Schau der Essenz des Wahren, des Preiswürdigen den höchsten Grad von Glückseligkeit, Freude, Zufriedenheit und Jubel erreicht.

Er sah auch, daß die folgende Sphäre, jene der Fixsterne, eine Essenz besitzt, die gleichfalls von Materie frei und nicht die Essenz des Einen, Wahren ist. Sie ist weder die gesonderte, zur höchsten Sphäre gehörige Essenz noch die zweite Sphäre oder etwas von den dreien Verschiedenes, sondern sie gleicht dem Bild der Sonne, wie es reflektiert in einem Spiegel erscheint, der das in einem anderen, der Sonne zugewandten Spiegel reflektierte Bild auffängt. Und er sah, daß auch diese Essenz einen Glanz, eine Schönheit und eine Glückseligkeit besitzt, die jenen der höchsten Sphäre ähnlich sind. Außerdem sah er, daß die folgende Sphäre, die Sphäre des Saturn, eine von der Materie gesonderte Essenz besitzt, die weder eine der Essenzen ist, die er bereits wahrgenommen, noch etwas anderes; sie ist vielmehr wie das Bild der Sonne, widergespiegelt von einem Spiegel, der das Bild zurückwirft, das von einem zweiten Spiegel widergespiegelt wird, der das von einem dritten der Sonne zugewandten Spiegel widergespiegelte Bild zurückwirft. Er sah, daß auch diese Essenz einen Glanz und eine Glückseligkeit besitzt, die jenen der vorigen ähnlich sind.

Er erkannte nach und nach, daß jede Sphäre eine abgesonderte, von Materie freie Essenz besitzt, die keine der vorhergehenden Essenzen ist und dennoch nichts anderes, sondern die wie das der Ordnung der Sphären entsprechende, von Spiegel zu Spiegel geworfene Bild der Sonne ist, und daß jede dieser Essenzen tatsächlich Schönheit, Glanz, Glückseligkeit und Freude besitzt, also das, «was kein Auge gesehen, was kein Ohr gehört und was sich noch niemals dem Herzen eines Sterblichen erschlossen hat.»

Schließlich gelangte er zur Welt von Werden und Vergehen, die aus all dem besteht, was die Sphäre des Mondes faßt. Er sah, daß diese Welt eine von Materie freie Essenz besitzt, die keine der Essenzen ist, wie er sie bereits wahrgenommen, und auch nichts anderes; und daß diese Essenz 70 000 Gesichter besitzt, von denen jedes 70 000 Münder hat, deren jeder 70 000 Sprachen spricht, in denen er die Essenz des Einen, Wahren lobt, sie unermüdlich preist und verherrlicht. Er sah, daß diese Essenz, an der eine Vielheit sich zu zeigen schien, ohne daß sie vielfach war, von einer Vollkommenheit und Glückseligkeit ist, jener ähnlich, die er an den vorhergehenden Essenzen erkannt hatte: Diese Essenz ist wie das Bild der Sonne, die auf ein Wasser scheint, das leise zitternd das Bild hervorbringt, das der Spiegel zurückwirft, der als letzter in der bereits erwähnten Ordnung den Reflex auffängt, der von dem Spiegel kommt, dem gegenüber sich die Sonne befindet.

Dann sah er, daß er selber eine gesonderte Essenz besaß; und hätte sich die Essenz mit den 70 000 Gesichtern in Teile zerlegen lassen, so könnten wir sagen, diese Essenz sei ein Teil davon; und wäre diese Essenz nicht hervorgebracht worden, als es sie noch nicht gab, so könnten wir sagen, sie vermische sich mit jener der Welt von Werden und Vergehen; wäre sie schließlich seinem Körper nicht zu eigen geworden, und zwar von dem Augenblick an, da sie hervorgebracht wurde, so könnten wir sagen, sie sei nicht hervorgebracht worden.

Auf der gleichen Stufe sah er Essenzen, die

der seinen ähnlich waren und zu Körpern gehörten, die existiert hatten und dann verschwunden waren, sowie Essenzen, die zu Körpern gehörten, die zur gleichen Zeit auf der Welt waren wie er; er sah, daß die Vielheit dieser Essenzen keine Grenzen kennt, wenn es erlaubt ist, das Wort «Vielheit» auf sie anzuwenden, und daß alle nur eines sind, wenn es erlaubt ist, das Wort «Einheit» auf sie anzuwenden. Und er sah, daß seine eigene Essenz sowie jene Essenzen, die auf der gleichen Stufe stehen wie sie, was grenzenlose Schönheit, Pracht, Glückseligkeit anbetrifft, das haben, «was kein Auge gesehen, was kein Ohr gehört und was sich noch niemals dem Herzen eines Sterblichen erschlossen hat,» was jene nicht beschreiben können, die zu beschreiben vermögen, was alle jene begreifen können, die bis zur Vereinigung in der Ekstase gelangt sind. Er sah viele von der Materie gesonderte Essenzen, blinden, schmutzbedeckten Spiegeln vergleichbar, die damit den blanken Spiegeln, worin das Bild der Sonne sich widerspiegelt, den Rücken zukehren und von ihnen ihr Antlitz abwenden. Er entdeckte an diesen Essenzen jetzt einen Mangel und eine Scheußlichkeit, die seine Vorstellung überstiegen. Er sah sie von unendlicher Trauer erfüllt, unaufhörlich Seufzer ausstoßend, eingeschlossen in einen Wirbel von Qual, brennend im Feuer des Schleiers der

Trennung, hin und her gerissen zwischen Widerwille und Anziehung wie von den Wechselbewegungen einer Säge.

Außer diesen Essenzen, die Beute der Qual waren, sah er andere kommen und gehen, sich bilden und sich auflösen. Er verhielt lange bei ihnen, betrachtete sie aufmerksam, und er gewahrte unendlichen Schrecken, unermeßliche Dinge, eine bewegte Vielheit, eine wirksam ordnende Weisheit, Vollendung und Einhauchung, Schöpfung und Zerstörung.

Aber nicht lange, und er war wieder bei Sinnen: Er erwachte aus diesem Zustand, der einer Ohnmacht ähnlich war, der Fuß glitt ihm von dieser Stufe, die Welt der Sinne tauchte vor ihm auf, und die Welt des Göttlichen verschwand; denn beide lassen sich nicht in ein und demselben Seelenzustand verbinden. Die Welt von hier unten und die andere Welt sind wie Gattinnen des gleichen Mannes: Tut man der einen Genüge, erzürnt man die andere.

Vielleicht wirst du sagen: «Aus dem, was du über dieses Schauen berichtet hast, geht hervor, daß die gesonderten Essenzen, gehören sie zu einem einzigen und unvergänglichen Körper, ewig sind wie die Sphären selber; und wenn sie zu einem Körper gehören, der nach Vergänglichkeit strebt wie die vernunftbegabten Tiere, so vergehen auch sie, verschwinden und werden zunichte wie dein Vergleich mit den reflektierenden Spiegeln es verdeutlichte: Denn das Bild hat nur solange Bestand wie der Spiegel; und wenn der Spiegel erblindet, so verdirbt gewiß auch das Bild und verschwindet.» Dann antworte ich dir: «Wie schnell hast du doch unseren Pakt vergessen und unsere Absprache verletzt! Haben wir dir nicht zuvor gesagt, daß das Feld der Deutung hier schmal sei und die Wörter stets Falsches unterschöben? Wenn du dich dazu hast verleiten lassen, solche Dinge zu denken, so deshalb, weil du davon ausgegangen bist, daß das, womit man vergleicht, und das, was man vergleicht, in jeder Hinsicht identisch seien. Solche Gleichsetzungen sollte man selbst in gewöhnlichen Diskussionen vermeiden. Und wie sehr erst hier! Denn die Sonne, ihr Licht, ihr Abbild und ihre Gestalt, die Spiegel und die Bilder, die darin erscheinen, sind ebensosehr von den Körpern untrennbare Dinge; sie bestehen nur für die Körper und in ihnen, weshalb diese ihrer bedürfen, um zu existieren, und mit ihnen verschwinden. Während alle göttlichen Essenzen und die souveränen Seelen frei sind von jeglichem Körper und von dem, was von Körpern abhängt; sie sind dessen so ledig wie möglich, ohne Bindung an sie, ohne jegliche Abhängigkeit. Ob die Körper vergehen oder fortdauern, ob sie existieren oder nicht existieren, ist ihnen gleichgültig. Ihre Bindung und Abhängigkeit besteht nur im Hinblick auf die Essenz des Einen, des Wahren, des notwendigen Wesens, welches die erste aller Essenzen ist, ihr Ursprung und ihre Ursache, die ihnen Existenz schenkt und Dauer verleiht, ihnen Beständigkeit und Ewigkeit mitteilt. Nicht sie bedürfen der Körper: Die Körper bedürfen ihrer. Wenn es sie nicht gäbe, gäbe es auch keine Körper, denn sie sind deren Ursprung. Und könnte es dazu kommen, daß die Essenz des Einen, Wahren verschwände, jene Essenz des Erhabensten und Heiligsten, welcher dergleichen nicht zu widerfahren vermag («Außer Ihm gibt es keinen Gott»), so verschwänden alle diese Essenzen, verschwände die Sinnenwelt überhaupt, und es bliebe keinerlei Sein, denn alles ist miteinander verbunden; und obwohl die Welt des Sinnlichen der Welt des Göttlichen wie ein Schatten folgt, wohingegen die Welt des Göttlichen ihrer nicht bedarf und ihr fremd ist, läßt sie sich unmöglich als nichtexistent denken: Denn sie ist eine Folge der göttlichen Welt, und ihre Verderbtheit schließt Wechsel ein, läßt jedoch keine völlige Nicht-Existenz zu. Dies wird im Heiligen Buch an der Stelle zum Ausdruck gebracht, da es heißt, daß «die Berge wie verschiedenfarbige gekämmte Wolle sein werden und die Menschen wie verstreute Motten», daß «die Sonne und der Mond gehüllt sein werden in Finsternis, und daß die Meere sich vermischen werden, an jenem Tage, da die Erde und die Himmel sich verwandeln.»

Das sind die Auskünfte, die ich dir gegenwärtig über das geben kann, was Hajj ibn Jaqzan auf dieser erhabenen Stufe schaute. Bitte mich nicht, dir mit Worten noch mehr zu sagen, denn das ist so gut wie unmöglich.

Was das Ende seiner Geschichte anbelangt, so werde ich sie dir gleich erzählen. Nachdem Hajj ibn Jaqzan von der Wanderung, die er unternommen, in die Sinnenwelt zurückgekehrt war, empfand er Widerwillen gegen das beschwerliche Leben in diesem Jammertal; ein lebhaftes Verlangen nach jener anderen Welt erfüllte ihn, und er bemühte sich mit den gleichen Mitteln wie zuvor, diese Stufe wiederzuerreichen. Es gelang ihm sogar leichter als das erste Mal, und er verharrte länger dort; darauf kehrte er wieder in die Sinnenwelt zurück. Anschließend bemühte er sich aufs neue, diese Stufe zu erreichen. Das gelang ihm jetzt leichter als das erste und das zweite Mal, und er verharrte länger in diesem Zustand. Von Mal zu Mal fiel es ihm leichter, diese erhabene Stufe zu erklimmen; und er verharrte jedesmal länger dort; bis es ihm endlich gelang, sie nach Belieben zu erreichen und zu verlassen. So hielt er an diesem Zustand fest und wandte sich nur dann von ihm ab, wenn die

Bedürfnisse seines Körpers, die er zudem nach Maß eingeschränkt hatte, ihn dazu zwangen. Aber darüber hinaus wünschte er, der Allmächtige und der Große Gott möchte ihn völlig befreien von seinem Körper, der ihn dazu trieb, die erreichte Stufe wieder zu verlassen. Dann könnte er sich ganz und für immer dieser Wonne überlassen und wäre des Schmerzes ledig, den er jedesmal empfand, wenn er von diesem Zustand abgelenkt und wieder an die Bedürfnisse des Lebens erinnert wurde. Er verharrte auf dieser Stufe, bis er das siebte Jahrsiebt seiner Existenz, d. h. das Alter von fünfzig überschritten hatte. Das war die Zeit, als er zu Asal in Beziehung trat; und was er mit diesem erlebte, werden wir dir, so es dem allerhöchsten Gott gefällt, gleich erzählen.

Es wird berichtet, daß eine Nachbarinsel der Insel, auf der Hajj ibn Jaqzan einer der beiden Lesarten zufolge geboren wurde, jetzt bewohnt war von den Anhängern einer gesetzestreuen Religion, die einen der alten Propheten (Möge Gottes Segen auf ihnen ruhen!) zum Stifter hatte. Diese Religion drückte alle wahre Wirklichkeit durch Symbole aus, die Bilder von ihnen vermittelten und Eindrücke in der Seele hinterließen, wie das bei Reden der Fall ist, die sich an das gemeine Volk wenden. Je weiter sich diese Religion auf der Insel verbreitete, desto mächtiger wurde sie. Als sie schließlich die Oberhand gewann, trat der König des Landes zu ihr über und brachte auch das Volk dazu, ihr anzuhängen.

Auf dieser Insel lebten damals zwei Männer von Verdienst und guten Willens: Der eine hieß Asal, der andere Salaman. Beide waren mit dieser Religion bekannt geworden und begeistert zu ihr übergetreten; sie waren nunmehr bestrebt, ihre sämtlichen Vorschriften zu befolgen, allen ihren Andachtsübungen sich zu unterziehen und wollten deshalb von menschlicher Gesellschaft sich fernhalten. Immer wieder geschah es, daß sie die traditionellen Ausdrucksformen des religiösen Gesetzes zu begreifen suchten, die sich auf die Attribute des Großen und Mächtigen Gottes, auf seine Engel, auf die Beschreibung der Auferstehung, auf Lohn und Strafe beziehen. Der eine von ihnen, Asal, war eher darauf aus, den verborgenen Sinn zu erforschen, die geheime Bedeutung zu entdecken, er neigte mehr zur Auslegung. Salaman hielt sich eher an den äußeren Sinn, er neigte mehr dazu, sich der Auslegung, der freien Prüfung und der Spekulation zu enthalten. Beide unterzogen sich jedoch mit Eifer den äußeren Übungen, der Gewissenserforschung, dem Kampf gegen die Leidenschaften.

Nun aber enthielten die Gesetze dieser Religion Grundsätze, die zum Sichzurückziehen, zur Einsamkeit verpflichteten, da in diesen die Erlösung und das Heil liege; es gab jedoch auch Vorschriften, die den Menschen Verkehr und Gesellung nahelegten. Asal ließ es sich angelegen sein, die Einsamkeit aufzusuchen, und gab wegen seiner natürlichen Neigung zur ständigen Meditation, zur Suche nach Erklärungen, Aufhellung der Symbole jenen Grundsätzen den Vorzug, die dergleichen empfahlen; er hoffte, die Einsamkeit werde dazu beitragen, daß er seine Ziele erreiche. Salaman hingegen suchte die Gesellschaft der Menschen und gab wegen seiner natürlichen Unfähigkeit zur Meditation und freien Prüfung jenen Grundsätzen den Vorzug, die solches empfahlen; er ging davon aus, daß Umgang mit Menschen geeignet ist, teuflische Versuchung fernzuhalten, böse Gedanken zu verscheuchen, vor Verlockung durch höllische Geister zu schützen. Diese Verschiedenheit der Meinungen führte dazu, daß sie sich voneinander trennten.

Asal hatte von der Insel gehört, auf der, wie es hieß, Hajj ibn Jaqzan geboren wurde: Er wußte von ihrer Fruchtbarkeit, ihren Annehmlichkeiten, dem gemäßigten Klima und dachte, wenn er sich auf diese Insel zurückziehe, werde er an das Ziel seiner Wünsche gelangen. Er beschloß daher, sich dorthin zu begeben und, fern von den Menschen, auf ihr den Rest seines Lebens zu verbringen. Er machte alles, was er besaß zu Geld: Mit einem Teil davon mietete er ein Schiff, das ihn zu dieser Insel bringen sollte, was übrig blieb, verteilte er unter die Armen. Dann nahm er Abschied von seinen Gefährten und schiffte sich ein. Sobald die Insel erreicht war, ruderten ihn die Matrosen zum Strand und ließen ihn dort zurück. Asal blieb also auf der Insel, um Gott, den Allmächtigen und Großen, anzubeten, Ihn zu verherrlichen, zu lobpreisen, über Seine schönen Namen und erhabenen Attribute nachzudenken, ohne daß sein Gedankenfluß unterbrochen, ohne daß seine Meditation gestört würde. Bedurfte er der Nahrung, aß er von den Früchten oder Tieren der Insel gerade soviel, wie zur Stillung seines Hungers nötig war. So lebte er für eine gewisse Zeit in vollkommener Glückseligkeit, im innigsten Umgang mit seinem Herrn; und jeden Tag erwies Dieser ihm Wohltaten, bezeigte ihm sein Wohlgefallen, die Gunst, seinen Wünschen zu willfahren und ihn mit Nahrung zu versorgen, was alles ihn in seinem bedingungslosen Glauben bestätigte und sein Auge erglänzen ließ.

Während dieser ganzen Zeit blieb Hajj ibn Jaqzan tief in seine erhabenen Ekstasen eingetaucht, und er verließ seine Höhle nur einmal jede Woche, um zu essen, was sich ihm gerade darbot. Dies war der Grund dafür, daß Asal ihn nicht gleich entdeckte: Obwohl er, dem Strand folgend, die Insel umwandert hatte, sie in verschiedenen Richtungen durchstreifte, sah er nie einen Menschen, nicht einmal die Spur davon. Angesichts seiner festen Entschlossenheit, sich zurückzuziehen in Einsamkeit und Abgeschiedenheit, erfüllte ihn dies im Übermaß mit Freude und inniger Befriedigung.

Es geschah jedoch eines Tages, daß Hajj ibn Jaqzan gerade dann seine Höhle zur Nahrungssuche verließ, als Asal in diese Gegend kam, und sie einander erblickten. Asal glaubte einen frommen Einsiedler vor sich zu haben, der wie er auf dieser Insel die Einsamkeit gesucht hatte; er zögerte, ihn anzureden und seine Bekanntschaft zu machen, denn er besorgte, dies könne ihn stören und an der Verwirklichung seiner Wünsche hindern. Hajj ibn Jaqzan indessen wußte nicht einmal, was für ein Wesen er vor sich hatte, denn keine einzige der ihm bekannten Formen fand er an ihm; die schwarze Tunika aus Wolle und Ziegenhaar, die Asal trug, sah nämlich aus wie ein natürliches Fell. Er blieb also stehen und betrachtete ihn lange und voll Erstaunen. Doch Asal wandte den Rücken und ergriff die Flucht, denn er befürchtete, seiner Zurückgezogenheit entrissen zu werden. Von seinem natürlichen

Hang getrieben, allem auf den Grund zu gehen, lief Hajj ibn Jaqzan ihm nach. Als er ihn aber Hals über Kopf davoneilen sah, blieb er zurück und versteckte sich. Asal glaubte, der andere habe von der Verfolgung abgelassen und sich entfernt. Deshalb widmete er sich wieder dem Gebet, der Lektüre, den Anrufungen, den Tränen, den Bitten und Klagen und vergaß darüber alles andere.

Ohne daß Asal dessen gewahr geworden wäre, näherte sich ihm nun Schritt für Schritt Hajj ibn Jaqzan; bald war er ihm so nahe, daß er ihn lesen und Gott lobpreisen hörte, seine demütige Haltung und seine Tränen sah: Er vernahm eine schöne Stimme und Laute, die so angeordnet waren, wie er das noch nie bei einem Tier bemerkt hatte. Aufmerksam studierte er seine Formen und Züge und stellte fest, daß er den gleichen Anblick bot wie er selbst, und er begriff, daß der Mantel, der ihn bedeckte, kein natürliches Fell war, sondern geliehene Kleidung, wie er sie selber trug. Angesichts seiner demütigen Haltung, seines Flehens und seiner Tränen zweifelte Hajj ibn Jaqzan nicht, daß er eine der Essenzen sei, die vom Wahren wissen. Er fühlte sich hingezogen zu ihm, wollte erfahren, was mit ihm war, und was die Ursache seiner Tränen und seines Fehlens sei. Immer näher schob er sich an ihn heran, bis Asal ihn endlich bemerkte und sich zur

Flucht wandte. Hajj ibn Jaqzan nahm sofort die Verfolgung auf. Von Gott mit großer Kraft versehen und aufs vollkommenste ausgestattet in körperlicher wie geistiger Hinsicht, hatte er den Flüchtigen bald eingeholt. Er griff nach ihm, hielt ihn fest und hinderte ihn daran, das Weite zu suchen. Der Anblick des in Tierfelle gekleideten Wesens, dessen Haare so lang waren, daß sie einen großen Teil seines Körpers bedeckten, und das so schnell und ausdauernd laufen konnte, jagte Asal einen gewaltigen Schrecken ein; er fing an, es zu besänftigen und mit Worten zu beschwören. Doch Hajj ibn Jaqzan verstand ihn nicht, begriff nicht, was er meinte, und nahm seine Worte lediglich als Ausdruck von Furcht. Durch Modulationen der Stimme, wie er sie bestimmten Tieren abgelauscht hatte, suchte er ihn deshalb zu beschwichtigen. Dabei fuhr er ihm mit der Hand über Kopf und Schultern, streichelte ihn und zeigte sich aufgeräumt und froh, so daß Asal sich von seinem Schrecken erholte und begriff, daß man ihm nichts Böses wollte.

Nun hatte Asal aus Freude an der Schriftdeutung früher die meisten Sprachen erlernt und verstand sich auf sie. Er richtete daher das Wort an Hajj ibn Jaqzan in allen ihm bekannten Sprachen und fragte ihn, wer er sei. Seine Mühe, sich verständlich zu machen, war vergeblich:

Hajj ibn Jaqzan war erstaunt über das, was er zu hören bekam, und sah darin nichts anderes als Wohlwollen und Freundlichkeit. Man könnte sagen, jeder wunderte sich über den andern.

Asal hatte noch ein wenig Proviant bei sich, letzter Rest der Vorräte, die er von der bewohnten Insel mit herübergebracht hatte. Er bot Hajj ibn Jaqzan davon an. Dieser wußte nicht, was es war, denn noch nie hatte er dergleichen gesehen. Asal nahm einen Bissen und gab ihm zu verstehen, er möchte auch davon essen. Doch Hajj ibn Jaqzan dachte an die Regeln, nach denen er sich in seiner Ernährung richten wollte; und weil er die Beschaffenheit der Speisen, die man ihm anbot, nicht kannte und nicht wußte, ob ihm davon zu essen erlaubt war, hielt er sich zurück. Asal hörte nicht auf, ihn zu bitten und einzuladen. Aus Sympathie für ihn und aus Furcht, ihn zu verletzen, wenn er bei seiner Weigerung bliebe, griff Hajj ibn Jaqzan schließlich zu und kostete davon. Kaum hatte er jedoch gemerkt, wie gut das Angebotene schmeckte, als sich in ihm auch schon das Gefühl ausbreitete, unrecht gehandelt, gegen die Eßvorschriften verstoßen zu haben, die zu beachten er sich vorgenommen hatte: Er bereute sein Tun und wollte Asal verlassen, um sich wieder seiner Lieblingsbeschäftigung zuzuwenden und zur erhabenen Stufe zurückzukehren.

Doch diesmal wollte sich die ekstatische Schau nicht gleich einstellen, und er hielt es für das beste, noch bei Asal in der Sinnenwelt zu bleiben, bis er soviel über ihn erfahren hätte, daß er nicht länger an ihm interessiert wäre. Dies würde ihm dann erlauben, zurückzukehren zu seinem Zustand, ohne daß irgendetwas ihn davon ablenkte. Also überließ er sich dem Umgang mit Asal. Als Asal seinerseits sah, daß Hajj ibn Jaqzan nicht sprechen konnte, fühlte er sich erleichtert, denn seine Andachtsübungen wären nicht gefährdet durch ihn; er hoffte, ihn die Sprache, die Wissenschaft, die Religion zu lehren und auf diese Weise größere Belohnung zu verdienen und sich Gott noch mehr anzunähern.

So fing Asal an, ihn sprechen zu lehren. Er deutete auf die Gegenstände und sagte dabei ihre Namen; er wiederholte sie ihm und ermunterte ihn, sie nachzusprechen. Hajj ibn Jaqzan sprach sie nun seinerseits aus und deutete dabei auf sie. Solcherart gelang es Asal, ihn alle Namen zu lehren, und im Laufe kürzester Zeit brachte er ihn soweit, daß er sprechen konnte.

Darauf stellte ihm Asal allerlei Fragen. Wer er sei, wollte er wissen, und woher er komme. Hajj ibn Jaqzan gab ihm zu verstehen, daß seine Herkunft im Dunkel liege, daß er weder seinen Vater noch seine Mutter kenne, lediglich die Gazelle, die ihn aufgezogen habe. Alles, was von Belang war, erzählte er ihm: von den Erkenntnissen, die er sich nach und nach erworben, bis zu dem Augenblick, da er die Stufe der Vereinigung mit Gott erreicht hatte.

Als Asal diese Wahrheiten vernommen hatte, der Beschreibung der von der Sinnenwelt gesonderten, von der Essenz des Wahren, Mächtigen und Großen wissenden Essenzen, der Schilderung der Essenz des Wahren, Höchsten und Herrlichen und ihrer erhabenen Attribute gelauscht hatte, als er all das gehört hatte, was Hajj ibn Jaqzan ihm über das im Zustand der Vereinigung Geschaute mitzuteilen sich bemühte: über die Glückseligkeit derer, die zur Vereinigung gelangt sind, und die Leiden derer, die an ihr wie durch einen Schleier gehindert sind, da zweifelte er nicht, daß alle auf Gott, den Großen und Mächtigen, die Engel, die Bücher, die Gesandten, den Jüngsten Tag, das Paradies und das Feuer der Hölle sich beziehenden Traditionen seines religiösen Gesetzes nur Symbole dessen sind, was Hajj ibn Jaqzan gesehen. Die Augen seines Herzens öffneten sich, das Feuer seines Geistes entzündete sich: Er sah Vernunft und Tradition zur Übereinstimmung gelangen; die Wege der Deutung lagen offen vor ihm. Nichts Schwieriges gab es mehr am göttlichen Gesetz, das er nicht begriff, nichts Verschlossenes, das sich nicht auftat, nichts Dunkles, das sich nicht aufhellte: Er wurde einer derer, «die zu verstehen wissen». Von nun ab betrachtete er Hajj ibn Jaqzan mit Bewunderung und Hochachtung; er hielt es für ausgemacht, daß dieser zu den von Gott Erwählten gehörte, «die keine Furcht quält, und die nicht betrübt werden». Asal war deshalb bestrebt, ihm zu dienen, seinem Beispiel nachzueifern, seine Führung anzunehmen in den vom geoffenbarten Gesetz vorgeschriebenen Werken, die zu vollbringen er Gelegenheit hätte, wie seine Religion es ihn lehrte.

Hajj ibn Jaqzan seinerseits begann ihn über sich selbst und seine Lebensumstände auszufragen; und Asal erzählte ihm von seiner Insel, den Menschen, die es dort gab, wie sie früher gelebt hatten und wie sie jetzt lebten, seitdem sie diese Religion zu der ihren gemacht hatten. Von allen im religiösen Gesetz enthaltenen Überlieferungen berichtete er ihm: von der göttlichen Welt, dem Paradies, dem Höllenfeuer, der Auferstehung, dem Jüngsten Gericht, der Rechtfertigung, der Waage der Gerechtigkeit und dem geraden Weg. Hajj ibn Jaqzan begriff dies alles und fand nichts darunter, was sich im Widerspruch befunden hätte zu dem auf der erhabenen Stufe Geschauten. Er erkannte, daß der, welcher dies alles aufgezeichnet und den Menschen bekannt gemacht hatte, wahr in seiner Beschreibung, lauter in seinen Worten gewesen war, ein Bote, gesandt von seinem Gott. Er vertraute auf ihn, glaubte an die Wahrheit dessen, was er sagte, legte Zeugnis ab von seiner Sendung.

Darauf erkundigte er sich nach den Gesetzen, die dieser Gesandte gebracht, nach den frommen Übungen, die er eingeführt hatte; und Asal erzählte ihm vom Beten, Almosengeben, Fasten, von den Wallfahrten und ähnlichen äußeren Übungen. Er machte sich diese Verpflichtungen zu eigen, unterwarf sich ihnen und begann sie zu erfüllen aus Gehorsam gegen die Anordnungen, die jener getroffen hatte, dessen Wahrhaftigkeit für ihn über jeden Zweifel erhaben war.

Zwei Dinge boten ihm jedoch Grund zur Überraschung: Er konnte sich ihren Sinn nicht erklären. Erstens: warum griff dieser Gesandte meistens auf Allegorien zurück, wenn er sich an die Menschen wandte, um ihnen die göttliche Welt zu beschreiben? Warum hatte er darauf verzichtet, die Wahrheit zu enthüllen? Verfielen die Menschen nicht deshalb dem schweren Irrtum, Gott einen Körper zu verleihen, der Essenz des Wahrhaftigen Attribute beizulegen, von denen sie frei und rein ist? Das gleiche gilt auch für Lohn, Strafe und das Leben nach dem Tod. Zweitens: warum ließ er es bei diesen Geboten und Ritualvorschriften bewenden? Warum erlaubte er den Menschen, Reichtümer zu erwerben und ihrem Eßtrieb zu frönen, so daß sie eitlen Beschäftigungen nachgehen und von der Wahrheit sich abwenden? Denn nach seiner Auffassung sollte der Mensch nur soviel essen, wie er zum Leben braucht; und Reichtümer waren in seinen Augen ohne Berechtigung. Er sah die verschiedenen Gesetzesvorschriften, die sich auf die reichen Leute bezogen, wie beispielsweise Sammlung und Verteilung von Almosen, Kauf und Verkauf, Wucher oder die vom Gesetz verordneten oder in das Ermessen des Richters gestellten Strafen. Alles dies war ihm fremd und schien ihm überflüssig. Wenn die Menschen den Dingen auf den Grund sähen, sagte sich Hajj ibn Jaqzan, würden sie sich bestimmt von diesen Lappalien abwenden und auf das wahre Wesen zugehen. Sie brauchten alle diese Gesetze nicht: Niemand besäße Privateigentum und müßte sich deswegen durch Almosengeben reinigen. Niemand würde die Hand verlieren, weil er sich heimlich am Besitz des andern vergriffe, oder das Leben, weil er auf Raub aus gewesen.

Was ihn so denken ließ, war die Vorstellung, daß alle Menschen über einen vortrefflichen Charakter, einen durchdringenden Geist, eine standhafte Seele verfügten. Er wußte nicht, wie träge und schwach ihr Geist, wie falsch ihr Urteil ist, kannte nicht ihren Wankelmut; er hatte keinen Begriff davon, daß sie sind «wie das unvernünftige Vieh und vom richtigen Weg noch weiter ab als dieses.»

Da er Mitleid mit den Menschen empfand und den Wunsch hatte, ihnen das Heil zu bringen, nahm er sich vor, zu ihnen zu gehen und ihnen die Wahrheit klarer und deutlicher zu machen. Er vertraute sich seinem Freund Asal an und fragte ihn, wie er zu ihnen gelangen könne. Asal stellte ihm vor, wie schwach ihr Charakter sei, wie fern ihr Tun den Geboten Gottes. Aber er konnte dergleichen nicht verstehen und hängte sein Herz weiterhin an die Hoffnung. Asal für sein Teil war von dem Wunsch erfüllt, Gott möge einige seiner Bekannten, die geneigt waren, sich lenken zu lassen und dem Heil mithin näher als andere, durch Vermittlung Hajj ibn Jaqzans leiten. Er bestärkte ihn deshalb in seinem Vorhaben. Sie hielten es für das beste, Tag und Nacht am Meeresstrand zu warten und zu hoffen, Gott verhelfe ihnen vielleicht zu einer Gelegenheit, sich einzuschiffen. Und so blieben sie dort und flehten Gott den Allmächtigen und Großen an in ihren Gebeten, ihr Unternehmen zu einem guten Ende zu führen.

Und es gefiel Gott, dem Mächtigen und Großen, daß ein Schiff auf dem Meer vom Wege abkam und von heftigen Winden und reißenden Fluten vor den Strand dieser Insel getragen wurde. Als es sich dem Land näherte, erblickten die Schiffer zwei Männer am Ufer und hielten auf sie zu. Asal ließ sie herankommen und richtete dann das Wort an sie; er bat darum, sie möchten sie auf ihrem Schiff mitnehmen. Sie willigten ein und brachten sie an Bord. Gott schickte ihnen einen guten Wind, der das Schiff in kürzester Zeit vor die gewünschte Insel trug. Dort gingen sie an Land und begaben sich in die Stadt. Asal erzählte seinen Freunden, die ihn sogleich aufgesucht hatten, die Geschichte von Hajj ibn Jaqzan und erregte ihre Bewunderung. In Scharenweise fanden sie sich ein und bezeugten ihr Interesse, voll des Eifers, der Achtung und der Ehrfurcht. Asal ließ den Gefährten wissen, daß die Versammelten alle übrigen Menschen an Verstand und Scharfsinn überträfen, und so es ihm nicht gelänge, sie zu belehren, um wieviel weniger vermöchte er dann erst das gemeine Volk zu belehren. Herrscher über die Insel und ihr vornehmster Mann war Salaman, jener Freund Asals, der den Platz des Menschen in der Gesellschaft sah und Rückzug aus ihr für unerlaubt hielt.

Hajj ibn Jaqzan unternahm es also, sie zu belehren und ihnen die Geheimnisse der Weisheit zu enthüllen. Aber kaum war er ein wenig über den allgemein faßlichen Sinn hinausgegangen, um gewisse Wahrheiten zu erörtern, die sich im Widerspruch zu den Vorurteilen befanden, in denen sie befangen waren, als sie sich auch schon von ihm zurückzuziehen begannen: Ihr Geist sträubte sich gegen die Lehren, die er vortrug, und ihre Herzen waren von Zorn erfüllt gegen ihn, obwohl sie aus Höflichkeit gute Miene machten, weil er ein Fremder war und Asal ihr Freund. Darüber verbrachte Hajj ibn Jaqzan Tage und Nächte mit ihnen, um ihnen öffentlich oder unter vier Augen die Wahrheit zu entdecken. Doch er verschreckte und erzürnte sie dadurch nur noch mehr. Zwar waren sie Freunde des Guten und voll Verlangen nach dem Wahren; doch infolge ihrer angeborenen Schwäche verfolgten sie das Wahre nicht auf die gebotene Weise, faßten sie es nicht so auf, wie sich das gehört hätte; und statt sich an die rechte Adresse zu wenden, suchten sie es auf die von den Autoritäten vorgeschriebene Weise zu erkennen. Er verzweifelte an ihrer Besserung und gab schließlich alle Hoffnung auf, sie zu überzeugen. Als er dann die verschiedenen Menschenklassen durchging, fand er, daß «jede Partei, froh über ihren Anteil, zum Gott ihre Gelüste erwählt,» ihre Neigungen zum Gegenstand der Verehrung macht, und daß eine die andere umbringt, den Kehricht dieser Welt aufzusammeln, «beherrscht von Streben nach Mehrung des Reichtums, bis sie die Gräber besuchen.» Jede Ermahnung bleibt ohne Wirkung bei ihnen, guter Zuspruch bewirkt kein Handeln, Debatte führt bei ihnen nur zu Halsstarrigkeit; und die Weisheit, kein Weg steht ihnen zu ihr offen, und sie haben keinen Teil an ihr. Sie sind mit Blindheit geschlagen, «und die Güter, nach denen sie streben, haben, wie ein Rost, ihre Herzen verhärtet. Gott hat ihnen Herz und Ohr verschlossen, ihre Augen verhüllt. Eine harte Strafe wartet ihrer.»

Da er einsah, daß der Wirbel der Strafe sie einhüllte, daß die Finsternis der Trennung sie bedeckte, daß alle, bis auf ganz wenige, von ihrer Religion nur das aufnahmen, was zu dieser Welt gehört, «daß sie seine Gebote hinter ihren Rükken werfen, so leicht erfüllbar sie auch sein mochten, und sie verkauften um geringen Preis»; «daß Kauf und Verkauf sie vom Gedanken an Gott den Höchsten zurückhielten, daß sie nicht den Jüngsten Tag fürchteten, an dem die Herzen und Augen der Menschen erloschen sein werden,» da er alles dies einsah, wurde ihm zur unabdingbaren Gewißheit, daß es vergebliche Mühe war, mit ihnen über die reine Wahrheit zu sprechen; daß jeder Versuch, sie zu größeren Anstrengungen zu bewegen, zum Scheitern verurteilt war; daß für die meisten von ihnen der Nutzen, den sie aus dem religiösen Gesetz ziehen konnten, ihre gegenwärtige Existenz betraf und darin bestand, sich eines angenehmen Lebens zu erfreuen, ohne daß andere ihnen den Besitz der Dinge streitig machten, die sie als ihr Eigentum ansahen; und daß künftiger Glückseligkeit nur jene wenigen teilhaftig würden, «die das zukünftige Leben für sich wünschen und ihr Streben nach diesem richten und gläubig sind.» «Denn wer gefrevelt und sich dieses zeitliche Leben auserwählt hat, dessen Wohnstatt ist die Hölle.» Was gibt es Peinlicheres, was in höchstem Maße Erbärmlicheres als die Lage, in der ein Mensch sich befindet, dessen Tagesablauf zwischen Aufwachen und Einschlafen kein einziges Werk aufweist, das nicht diesen sinnlichen und niedrigen Dingen gilt: Aufhäufung von Reichtümern, Streben nach Vergnügen, Befriedigung von Leidenschaft, Austoben von Zorn, Aufstieg in eine Stellung, die Sicherheit garantiert, Verrichtung religiöser Handlungen aus Eitelheit oder um die eigene Haut zu retten? «Das ist nur Finsternis auf Finsternis gehäuft auf dem hohen Meer.» «Und es gibt keinen unter euch, der sich ihr nicht nähern müßte: So ist es von deinem Herzen beschlossen und bestimmt.»

Als er nun begriffen hatte, was der Mensch ist, nämlich meistens nicht besser als die vernunftlosen Tiere, sah er ein, daß alle Weisheit, alle Unterweisung, alle Besserung in den Worten der Propheten, in den Lehren des religiösen Gesetzes wohnen. Alles war so, wie es sein mußte, nichts ließ sich hinzufügen. Für jede Aufgabe gibt es Menschen, die sie bewältigen, und jeder kann das am besten, wozu er geschaffen ist. «So ist es Anordnung Gottes schon von früher her, und du wirst in den Anordnungen Gottes nie einen Wandel finden.»

Er begab sich also zu Salaman und seinen Gefährten und entschuldigte sich für die Reden, die er geführt hatte. Er bat sie, ihm zu vergeben, und erklärte ihnen, er denke jetzt wie sie, ihre Normen seien die seinen. Er empfahl ihnen, sich weiterhin streng an ihre traditionellen Gesetze zu halten, sich möglichst wenig in Dinge einzumischen, die sie nichts angingen, vorbehaltlos die mehrdeutigen Stellen der heiligen Schriften zu glauben, von Häresien und persönlichen Meinungen sich abzuwenden, den tugendhaften Vorfahren nachzueifern und Neuerungen zu fliehen. Er ermahnte sie, es nicht dem niedrigen Volk gleichzutun und die Religion zu vernachlässigen, um der Welt anzuhangen. Wenn er sie gerade vor letzterem warnte, so deshalb, weil er und sein Freund Asal erkannt hatten, daß es für diese Art Mensch, schafsgleich und machtlos, nur diesen einen Weg gibt zum Heil. Lenkt man sie davon ab, um sie auf die Höhen der Spekulation zu entführen, so läßt ihr Zustand sie nur in umso tiefere Verwirrung geraten, ohne daß sie die Stufe der Glückseligen zu erreichen vermögen. Sie finden sich nicht mehr zurecht, treiben steuerlos und nehmen ein böses Ende. Verbleiben sie jedoch bis zu ihrem Tod in dem Zustand, worin sie waren, so werden sie zum Heil gelangen und unter denen sein, die zur Rechten sitzen. «Die zuvorderst anderen im Guten vorangegangen sind, die werden allen auch in das Paradies vorangehen. Diese werden Gott am nächsten sein.»

Hierauf nahmen die beiden von den andern Abschied, verließen sie und erwarteten geduldig eine Gelegenheit zur Rückkehr auf ihre Insel. Schließlich schenkte Gott, der Mächtige und Große, ihnen eine glückliche Überfahrt. Hajj ibn Jaqzan konnte jetzt die gleichen Mittel anwenden wie zuvor, um auf seine erhabene Stufe zurückzufinden. Und es gelang ihm auch sehr bald. Asal eiferte ihm nach, bis er fast die gleichen Höhen erreicht hatte. Und beide dienten Gott auf dieser Insel bis zu ihrem Tod.

Und dies (möge Gott dir den Beistand seiner Eingebung gewähren!) ist die Geschichte von Hajj ibn Jaqzan, Asal und Salaman. Vieles von dem, was sie enthält, ist in keinem anderen Werk zu finden und keinem der umlaufenden Berichte zu entnehmen. Es hebt eine geheime Weisheit ins Licht, die nur jene zu erreichen vermögen, die das Wissen von Gott haben, und die nur jenen verborgen bleibt, die Gott leugnen. Indem wir sie veröffentlichen, sind wir von der Lebensregel abgewichen, an die sich unsere tugendhaften Vorfahren zu halten pflegten, wenn sie ein solches Geheimnis mit Geiz und Eifersucht hüteten. Was uns dazu bewog, es bekannt zu machen und den Schleier zu zerreißen, sind die irrigen Vorstellungen, die inzwischen aufgetaucht sind. Von sogenannten Philosophen dieses Jahrhunderts ins Leben gerufen und unter die Leute gebracht, haben sie sich in den verschiedenen Ländern verbreitet und das solcherart verursachte Übel allgemein werden lassen. Es war deshalb unsere Befürchtung, die Schwächlinge, die die Autorität der Propheten zugunsten der Autorität der Dummköpfe und Narren verworfen haben, könnten sich einbilden, diese Vorstellungen seien das Geheimnis, das man vor jenen wahren müsse, die seiner unwürdig sind, und dies werde deren Geschmack an ihnen, deren Vorliebe für sie noch verstärken. Wir hielten es also für gut, ihren Augen das Licht des Geheimnisses der Geheimnisse leuchten zu lassen, um sie auf die Seite der Wahrheit zu ziehen und sie abzubringen von der falschen Bahn. Dennoch haben wir über die Geheimnisse, die wir diesen wenigen Blättern anvertrauen, einen zarten Schleier gebreitet, den jeder schnell zerreißen wird, der dessen würdig ist, der dicht und undurchdringlich jedoch sein wird für jeden, der nicht würdig ist, ihn zu lüften.

Ich für mein Teil bitte meine Brüder, die diesen Traktat lesen werden, mir meine Nachlässigkeit in der Darlegung und meine Freiheit in der Beweisführung zu verzeihen. Nur deshalb konnten mir solche Fehler unterlaufen, weil ich zu den Höhen hinaufstieg, die kein Blick zu erreichen vermag, und mit sprachlichen Mitteln eine annähernde Vorstellung von ihnen vermitteln wollte, ein brennendes Verlangen, diese Bahn zu betreten. Von Gott erbitte ich Nachsicht und Vergebung; und ich bitte Ihn, uns zu tränken mit Klarheit durch die Erkenntnis Seiner, denn Er ist wohltätig und großmütig. Der Frieden sei mit dir, o mein Bruder, dem Beistand zu leisten mir Pflicht ist, wie auch Gottes Segen und Erbarmen!

NACHWORT

«... damit du siehst, was wir gesehen ...»

Die Geschichte von Robinson Crusoe ist älter als ihre berühmte Ausgestaltung durch den Engländer Defoe. Sie gehört zum kulturellen Erbe Spaniens. Der «Ur-Robinson» ist das Werk eines Arabers, entstanden in jenem Land, dessen Geschichte vom 8. bis Mitte des 15. Jahrhunderts im Zeichen des Kampfes zwischen Kreuz und Halbmond, Christen und Mauren stand. Der Geist, der dieses Grundbuch aller geistigen Weltaneignung und allen mystischen Aufstiegs zu Gott inspiriert hat, entstammt der arabischen Philosophie und ist zugleich der Geist des Islam, dessen Toleranz die Iberische Halbinsel zu einem günstigen Boden für die Entwicklung von Wissenschaft und Kunst werden ließ. Denn anders als in der christlichen Welt wurde das islamische Denken niemals säkularisiert.

Doch wie der Geist des Körpers bedarf zu seiner vollen Entfaltung, mußte zur Empfänglichkeit der Araber für den Reiz des Wortes, ihre Begabung für schöne Sprache und ihre hohe Achtung vor dem Beruf des Dichters noch eine praktisch-handwerkliche Neuerung treten, damit das «spanische Wunder» geschehen konnte: die neuentdeckte Begabung der Spanier als Papiermacher. Chinesische Kriegsgefangene hatten die Araber in das Geheimnis eingeweiht. Spanien war das erste europäische Land, das Papier zu produzieren vermochte. Als man in Deutschland Papiermühlen zu bauen begann, blickte die spanische Papierfabrikation bereits auf eine jahrhundertealte Tradition zurück. Die Bestandsaufnahme, die der Bagdader Buchhändler und Bibliograph Ibn An-Nadīm 987 von der gesamten arabischen Literatur lieferte, ist denn auch von atemberaubendem Umfang. Von Kompendium, Kommentar und Glosse reicht die Liste bis zu Werken, die das Erlebnis der intimsten menschlichen Gefühle in einen so reichhaltigen wie nuancierten Wortschatz kleiden.

Der Sieg der christlichen Heere in Südspanien, der sich verfestigende Griff der Unduldsamkeit nach der Eroberung Granadas, des letzten maurischen Königreichs, 1492 zog den Schlußstrich unter ein glorreiches Kapitel Menschheitsgeschichte. Weshalb Nietzsche, zurückblickend 400 Jahre später, klagen wird: nicht allein um die Ernte der antiken Kultur habe das Christentum uns gebracht, auch um die Ernte der

«Islam-Kultur». «Die wunderbare maurische Kultur-Welt Spaniens, *uns* im Grunde verwandter, zu Sinn und Geschmack redender als Rom und Griechenland, wurde niedergetreten..., weil sie zum Leben ja sagte auch noch mit den seltenen und raffinierten Kostbarkeiten des maurischen Lebens!» Es bedarf kaum der Erwähnung, daß Wörter wie Sofa, Matratze , Karussell, Syrup, Gamasche, Kattun, aber auch Razzia, Rasse und Alchimie, einst dem Arabischen entlehnt, lebende Zeugen sind jener Zeit hoher Lebensqualität und höchster Entfaltung kultureller Schaffenskraft. Auch wenn die Jahrhunderte arabischer Herrschaft in Spanien schließlich als ein langes und ärgerliches Intervall abgetan wurden, hat der Islam wichtige Aspekte der spanischen Seele nicht nur erobert, sondern auch geprägt.

Das Antlitz Spaniens habe immer eine Eigenart aufgewiesen, die sich nicht mit jener vergleichen lasse, die England von Frankreich oder Frankreich von Deutschland unterscheidet, schreibt Americo Castro (*Spanien. Vision und Wirklichkeit,* dt. 1957). Obwohl Spaniens Zugehörigkeit zu Europa niemals völlig in Frage gestellt war, ist es das einzige europäische Land, in dem sich neben dem Christentum der Islam als beherrschende Religion etablieren konnte. Für fast acht Jahrhunderte war Spanien von Arabern bewohnt. Während dieser Zeit bewährte es sich, von gelegentlichen Verfinsterungen abgesehen, als das fortschrittlichste Land Europas. In seiner kulturellen

Blütezeit wurde al-Andalus – so bezeichneten die Araber die Iberische Halbinsel – den bedeutendsten geistigen Zentren des Islam zugerechnet. Auch nach Ausprägung eigenen Kulturbewußtseins blieb es mit dem Hauptstrom verbunden. Vom 11. Jahrhundert an wirkten seine hochentfalteten Talente sogar zurück auf Nordafrika und den Fernen Osten. Alle im Mittelalter bekannten Sachgebiete bereicherte seine große Literatur: Religion, Sprache, Geschichte, Geographie, Medizin, Mathematik, Astronomie, Philosophie u. a. Es mag überraschen, daß Spanien diese Zeit einzigartiger geistiger Blüte erlebte, als der größte Teil Europas sich noch in einem Stadium des Übergangs befand, sein sogenanntes «finsteres Mittelalter» durchlebte und sich den Stimmen großer Denker der Vergangenheit sowie wissenschaftlich-methodischem Vorgehen gegenüber gleichgültig, wenn nicht gar unzugänglich zeigte.

Bereits im 12. Jahrhundert kamen Gelehrte aus Frankreich, England, Italien und Deutschland nach Spanien, um sich mit der arabischen Kultur vertraut zu machen. Ihnen vor allem ist es zu verdanken, daß viele arabische Werke ins Lateinische übersetzt und damit auch den des Arabischen Unkundigen zugänglich gemacht wurden. Dies trug wesentlich bei nicht nur zum Austausch von Ideen und Entdeckungen, auch zur Öffnung des Horizonts und zum Entstehen einer neuen Betrachtungsweise in Europa, die in der Renaissancekultur ihren Ausdruck fand. In diesem

Sinn sind Spanien und Europa von der hispano-arabischen Kultur geprägt, und zwar selbst auf Gebieten, die man als ganz eigene Hervorbringungen, Manifestationen europäischer Geistigkeit anzusehen gewohnt ist. Als beispielsweise der spanische Arabist Asín Palacio auf die Wahrscheinlichkeit hinwies, daß Dantes *Göttliche Komödie* aus islamischen Quellen schöpft, war erste Reaktion Bestürzung und Abwehr. Eine hitzige Kontroverse entspann sich unter europäischen Gelehrten. Wie zu erwarten gewesen war, stellte sich schließlich heraus, daß Asíns Behauptungen wohlfundiert waren. Für andere Gebiete der europäischen Literatur gilt ähnliches. Auch hier hat Schuttberge des Vorurteils beiseitezuräumen, wer den wirklichen, historischer Wahrheit adäquaten Proportionen näherkommen will. Es geht darum, hinter dem im Laufe der Jahrhunderte christlicher Zeit- und Wertrechnung gefestigten Zerrbild – an dessen Entstehung Kleriker, Humanisten, Politiker und selbst moderne Gelehrte gleicherweise beteiligt waren – wieder das in seiner Art einmalige Bild zu erkennen.

Nicht nur politischer Mittelpunkt der Iberischen Halbinsel war Córdoba zu jener Zeit, es erfreute sich auch des Rufs, Kulturhauptstadt Europas zu sein. Die im Osten, in Bagdad, entstandene freigeistige Gesinnung hatte auch auf diesen westlichen Außenposten belebend übergegriffen. «*Weltliche* Wissenschaft», schreibt Ernst Bloch, einer der wenigen deutschen Kenner dieser Epoche (*Avicenna und die Aristotelische*

Linke, 1963), sei der «Glanz» gewesen, «mit dem die Herrscher des islamischen Ostens wie Westens, die Abbasiden Bagdads wie die Omaijaden Córdobas ihre Macht zu schmücken liebten». Da der vernunftfeindliche Einfluß der Orthodoxie erst viel später wirksam wurde, konnte die andalusische Auslegung des Aristoteles und der Neuplatoniker die Schulen Westeuropas beeinflussen. Nicht nur die formale Struktur der scholastischen Logik geht auf die Araber zurück, selbst die Mythen und Visionen, in denen sich das Denken dichterisch ausdrückte, haben hier im südlichen Spanien ihren Ursprung.

Ihre höchste, für die Geschichte des europäischen Denkens folgenreichste Entfaltung erreichte die spanisch-arabische Philosophie unter den Herrschern der Almohadendynastie (ab 1145/50). Die Lehre ihres Begründers Ibn Tumart, eines Marokkaners, der in Córdoba studiert hatte, steht für das Aufbegehren gegen die islamische Scholastik. Wie nach ihm Ibn Tufail, der Schöpfer des «arabischen Robinson», oder, später, Fox und Penn suchte Ibn Tumart die Religion zu vergeistigen, sie zur persönlichen Erfahrung zu machen: «Wenn du einen Geistlichen nach Dingen fragst, deren Unterlassung zu ewiger Verdammnis führt, weiß er nichts zu antworten; aber andererseits könnte er stundenlang Vorträge halten über Spitzfindigkeiten der Logik und immer wieder feine Unterschiede herausarbeiten, die kaum je im wirklichen Leben vorkommen.» Ibn Tumart lehrte, daß nicht allein Versenkung zur Gotteserkenntnis führt, auch Vernunfttätigkeit. Dieser unitarische oder, wie man später auch sagen würde, «sozinianische» Standpunkt war dem der Philosophen entgegengesetzt. Denn diese reklamierten das Vernunftswissen für sich selbst: als den «Wenigen» vorbehalten, unverständlich und gefährlich für den Durchschnittsmenschen. Jeder Art von Tätigkeit entspreche ein bestimmter Menschentyp, sagt der Philosoph Averroës, der ein gewisses Maß an «Dunkelheit», hermetischer Verschlüsselung gewahrt wissen will und deshalb die Lehre von der «doppelten Wahrheit» vertrat. Man solle den Durchschnittsmenschen nicht seines einfachen Glaubens an die wörtliche Bedeutung der heiligen Texte berauben. Im Vergleich dazu verfolgten die Almohadenherrscher eine Art «Mittelweg»: Es lag ihnen daran, die Spekulationen der Philosophen dem Volk zu öffnen, sie zu popularisieren. Ihre Gedanken gewannen Einfluß auf Geist und Lehre Ibn Tufails.

Auf Ibn Tumart folgte sein Stellvertreter Abdul-Mumin, dessen Sohn Jusuf Brotherr und Freund des Dichterphilosophen Ibn Tufail war. Es wird von ihm berichtet, er sei ein eifriger Förderer der Wissenschaft gewesen. Aus aller Welt habe er Gelehrte an seinen Hof gezogen, um ihnen Gunst zu bezeigen und sie zu ehren. Der Hof des leidenschaftlichen Büchersammlers habe einer Akademie geglichen, «so groß war die Zahl der Gelehrten, die ihn umgaben». Unter ihnen befand sich Ibn Tufail, der Verfasser des philosophischen Romans *Hajj ibn Jaqzan.*

Es ist nicht klar, welche Stellung Ibn Tufail innehatte am Hof des Almohadenkalifs Abu Jakub Jusuf, der über das muselmanische Spanien und über Nordafrika herrschte und deshalb «Herrscher zweier Kontinente» genannt wurde. Fest steht, daß er als dessen Leibarzt tätig war; ob er auch als Wesir fungierte, scheint fraglich zu sein. Vor 1110 in der kleinen andalusischen Stadt Wadi-Ach d. h. Guadix als Abu Bekr Mohammed ben 'Abd el-Malik Mohammed ben Tufail el-Quaici (Abubacer bei gewissen lateinischen Scholastikern) geboren, wurde er bekannt unter dem Namen seines Urgroßvaters Tufail – was gelegentlich zu Verwechslungen geführt hat –, und berühmt als Arzt, Mathematiker, Philosoph und Dichter. Abu Jakub Jusuf (1163–84) ernannte ihn zum Sekretär und Reisebegleiter seines Sohnes Jakob Almansur, als dieser nach Ceuta und Tanger aufbrach, um dort das Amt des Gouverneurs zu übernehmen. Aus dem Dienstverhältnis erwuchs eine Freundschaft, die sich bis zum Tode Ibn Tufails 1185 in Marrakesch, ein Jahr nach jenem seines Herrn, bewähren sollte. Nachfolger als Leibarzt und Vertrauter des Kalifen war bereits 1182 sein großer Protégé Ibn Roschd geworden, der Nachwelt als Averroës bekannt. Ibn Tufail hatte ihn im Winter 1168/69 beim Kalifen eingeführt. Auch bei Abu Jakub Jusufs Sohn Jakub Almansur stand Ibn Roschd für ein Jahrzehnt in hohem Anse-

AVERRHOËS.

hen, wurde aber dann angeklagt, die Philosophie und Wissenschaft der Antike zum Nachteil der mohammedanischen Religion zu kultivieren. Der Kalif entkleidete ihn seiner Würden und verbannte ihn aufs Land.

Es mangelt nicht an Berichten über die Begegnung zwischen Abu Jakub Jusuf und Ibn Roschd. Als Ibn Tufail den jungen Philosophen vorgestellt hatte, soll dieser in stummer Bescheidenheit den Lobesworten und Empfehlungen gelauscht haben, die der Freund vortrug. Daraufhin habe sich der Kalif, wie uns berichtet wird, dem Besucher zugewandt und ihm die verfängliche Frage gestellt: «Was denken *sie* über den Himmel? Denken sie, er sei ewig oder geschaffen?» Mit «sie» waren die Vertreter der *falsafa*, der Philosophie «nach griechischem Vorbild», gemeint. Der Besucher zeigte sich verwirrt und antwortete ausweichend; doch unbeabsichtigt gab er die richtige Antwort. Denn wie er später seinem Landsmann Abu Bakr Bondud bekannte (der dem Verfasser der Geschichte der Almohaden, Abdul-Wahid aus Marokko von diesem Gespräch berichtete), wußte er nicht, «daß der Kalif und Ibn Tufail im Sinne hatten, mich zu prüfen.» Falsche Beantwortung der Frage hätte üble Folgen nach sich ziehen können. Andererseits hatte der Herrscher diese Frage offenbar gestellt, um sie selber zu beantworten. Er ließ sich nämlich mit seinem Freund und Arzt in eine Diskussion ein, die der erstaunt zuhörende Besucher nie wieder vergessen sollte. Doch nicht allein, daß dieser ein großzügig bemessenes Geldgeschenk erhielt, eine «Ehrenrobe» und ein Pferd – was vielleicht wichtiger war, «von Stund an war er bekannt und angesehen».

Wenige Tage später soll Ibn Tufail, der damals zwischen 63 und 68 Jahre alt war, den Jüngeren zu sich gebeten haben, um ihm diplomatisch zu eröffnen: «Gerade hörte ich meinen Herrn wieder Klage führen über den dunklen Stil des Aristoteles oder, besser: über den Stil seiner Übersetzer. Wenn dessen Bücher noch jemanden fänden, der einen Kommentar dazu schreiben und ihren Inhalt … zusammenfassen könnte, dann wären diese griechischen Texte wirklich benutzbar.» Nach einer Pause habe er in entschiedenem Ton zu dem Besucher gesagt: «Wenn Ihr Euch stark genug fühlt für solch eine Arbeit, so unternehmt sie. Ich zweifle nicht daran, daß Ihr die Aufgabe vollbringen werdet, denn ich bin mir Eures scharfen Verstandes und Eures großen Fleißes bewußt. Ich hätte mich längst selbst an die Sache gemacht, wenn ich nicht so alt wäre und mich meine Pflichten weniger in Anspruch nähmen.» Dies sollen die Umstände gewesen sein, die Ibn Roschd bzw. Averroës veranlaßten, seinen berühmten Kommentar zu verfassen.

Ibn Tufails nicht geringe Verdienste als Anreger und Förderer sind historisch verbürgt. Ernest Renan deutet eine Bemerkung in der Einleitung zu dem wahrscheinlich kurz nach diesem folgenreichen Gespräch entstandenen Roman *Hajj ibn Jaqzan* als Hinweis auf Averroës, an dessen Arbeit Ibn Tufail zu jener Zeit so regen Anteil nahm, dessen Größe er aber wohl noch nicht mit Sicherheit erkannte: «Ihre Nachfolger jedoch, unsere Zeitgenossen, sind entweder noch in der Entwicklung begriffen oder vor Erreichen der Vollkommenheit stehengeblieben – vielleicht ist uns aber auch ihre wahre Bedeutung noch nicht zur Kenntnis gelangt.»

Ibn Tufails einziger wirklicher Schüler, Abu Ishaq von Bithrandj, der Alpetragus der Scholastiker, war ein Astronom, nicht etwa, wie zu erwarten gewesen wäre, ein Metaphysiker. Im Vorwort zu seinem Werk über die Sterne geht er ein auf Gedanken Ibn Tufails zu Fragen der Astronomie. Wie ein jüdischer Schriftsteller des frühen 14. Jahrhunderts festhielt, versetzten diese Gedanken «die ganze Welt in Aufruhr». Dennoch wissen wir nichts über sie; die Passagen in dem Roman *Hajj ibn Jaqzan*, die die Gebiete von Astronomie, Geographie und Meteorologie betreffen, legen uns indessen gewisse Vermutungen nahe, die das Zeugnis von Averroës und des erwähnten Schülers bestätigen könnten. Beide sind sich nämlich einig darin, das System Ibn Tufails sei neu und Ptolemäus gegenüber ein Fortschritt gewesen. Ist der Leibarzt Abu Jakub Jusufs jener Gruppe islamischer Denker zuzuordnen, die eine der modernsten Formeln des europäischen Geistes vorwegnahmen? Wir dürfen es vermuten.

Auch von der Lyrik Ibn Tufails ist nichts erhalten außer zwei Gedichten. Das eine lautet ungefähr so:

Du, der du die ungeheure Entfernung beklagst, die dich trennt von deinen Freunden, weinst du nicht auch über die Trennung der Seele von Gott?

Ein Licht, eingeschlossen in eine Handvoll Schlamm, hat das höchste Ziel erreicht: es kehrt zurück zu den Höhen und hinterläßt nichts in dem Leichentuch als Schlamm.

In dieser Trennung zweier Dinge, die vereint waren, vermag ich nur kurze Unterbrechung zu sehn, deren Ende unerforschlich ist.

Wenn Gott ihre Wiedervereinigung nicht verfügt hätte, wäre dies nicht der schlimmste Betrug?

Zu den Gedichten tritt, als Hauptwerk, der philosophische Roman *Hajj ibn Jaqzan*. Seine Wirkung reicht bis in unsere Zeit, und sein Gehalt faßt wie ein Brennglas all die Strahlen zusammen, die vom griechischen Licht ausgingen.

Die großen morgenländischen Denker hätten das griechische Licht, schreibt denn auch Ernst Bloch in seinem Essay «Avicenna und die aristotelische Linke», dem wir uns in den folgenden Absätzen dankbar verpflichtet fühlen, «zugleich gerettet und verwandelt». Sie stünden für eine Linie, die von Aristoteles nicht zu Thomas und «zum Geist des Jenseits» führt, sondern zu Giordano Bruno und «der *blühenden* Allmaterie».

Ja, sogar Spinoza und, wie sich zeigen wird, nicht weniger auch Lessing sind hier zu nennen. Die europäische Chronologie, legt Ernst Bloch dar, sei längst dazu verpflichtet, sich der orientalischen Philosophie als «eines der Quellgebiete» der europäischen Aufklärung zu erinnern. Denn in der damaligen arabischen Welt brannte «nicht nur eher Licht als in Frankistan, es brannte dort auch ein beweglicheres Licht als das spätere der europäischen Klosterschulen und der daraus entstandenen Universitäten.»

Die Denkart der großen Arzt-Philosophen war «nichtklerikal»: Sie fühlten sich dem Glauben überlegen, denn die positive Religion war für sie Vorstufe der Philosophie. So hätten die Gründer des Glaubens, sagt Avicenna, zu ihrer Zeit zwar dasselbe ausgesprochen, was später die Philosophen gelebt haben, sie hätten es jedoch nach ihrer Weise lediglich verhüllt getan. Sie hätten auf Bilder und Gleichnisse zurückgegriffen, «weil die Offenbarung für alle geschehen sei und sich daher einer für alle verständlichen Bildersprache bediene». Wäre sie und ihr Gesetz in anderer Weise überliefert, sie wäre wohl vergeblich gewesen. Dagegen sei es das Geschäft der Philosophie, die Religion vor dem Verstand der Fortgeschrittenen zu überprüfen und mithin: statt der Eingebung den Beweis sprechen lassen. Damit aber war der Glaube an den Koran, als an das Gotteswort, zu dem ganz andersartigen Glauben an die Macht des menschlichen Verstandes verwandelt. In der Folge wurde das

Verhältnis zur überlieferten Religion «ein entspanntes, dergestalt, daß ihr beschränkender wie ihr schlechthin richtunggebender Einfluß auf die Forschung nur sehr gering sein konnte».

Freilich stammt die Lehre von der Religion als allegorischer Hülle nicht aus purer Aufklärung, sondern, mindestens formal, aus der Mystik. Auch die mystische Bewegung wirkte eher im Sinne des Denkers als in dem des Schriftgläubigen. Bei den Sufis, den Vertretern der persisch-mystischen Sekte, die ohne Rückblick auf den Koran, «ohne Transit durch die Moschee» die Rückergießung der Seele ins kosmische Urlicht lehrte, löste sich der positive Glaube in der inneren Schau des All-Einen auf. Er, der «Eingeweihte» erkennt die Nichtigkeit aller Religionen und fühlt sich ihnen, die nur für den «Nicht-Eingeweihten» da sind, spirituell überlegen. So sagte der Mystiker Abu Said, ein Freund Avicennas: «Solange die Moschee nicht ganz verwüstet ist, wird der Derwische Werk nicht vollendet sein; solange Glaube und Unglaube nicht völlig gleich sind, wird kein einziger Mensch ein wahrer Muslim werden.» Gedanken, die von einem der späteren «Freigeister» stammen könnten. In der Tat macht Goldziher in seinen Vorlesungen über den Islam, aus denen Ernst Bloch zitiert, darauf aufmerksam, «wie sehr in solchen Gedanken die Sufis mit den islamischen Freigeistern zusammentrafen, die auf Grund anderer Erwägungen zu demselben Resultate gelangt sind». Der deutsche Philosoph ergänzt, daß dieses «höchst paradoxe Element kirchenfremder Mystik» völlig greifbar bei Joachim di Fiore sei, dem Lehrer eines kommenden dritten Testaments, über dem abgelaufenen alten und neuen. Lessing wird sich später auf ihn berufen.

Das «Spiel des Glaubens mit dem Wissen» ist nach Ernst Bloch selber recht gleichnishaft überliefert worden. Nicht nur in der Fabel von den drei Ringen, sondern in einer viel ausgeführteren: dem Buch Ibn Tufails. Gedanklich geht der Roman bekanntlich auf Avicenna zurück, sein Titel stammt sogar wörtlich von diesem. Bloch merkt dazu an: «Um das schlechthin Auszeichnende der Vernunfterkenntnis zu zeigen, hatte Avicenna einen in völliger Einsamkeit zur Erkenntnis kommenden Menschen fingiert, mit dem charakteristischen Anti-Opium-Namen: ‹Hajj ibn Jakzan›, ‹Der Lebende, Sohn des Wachenden.› Der Wachende, es ist der aktive, allgemeine Intellekt, der die Menschen erfüllt und verbindet. Und hier ist der Anlaß, daß hundert Jahre später, im arabischen Spanien, der Lehrer des Averroës, Ibn Tufail, seinen philosophischen Roman gleichen Namens schrieb: ‹Der Lebende, Sohn des Wachenden›, worin Avicennas Fiktion ihre Probe aufs Exempel finden sollte.» Nicht allein den *Robinson* habe das Werk hervorgerufen, auch den Grundgedanken der Aufklärung habe es bestärkt: «daß der Mensch außer seiner Vernunft einen Glauben nicht brauche. Denn Avicenna-Ibn-Tufails ‹Philosophus autodidactus› wird eigenen Auges der Natur und Weisheit kundig, unverwirrt von Priesterlehre und ohne die mystischen Surrogate der nie zum Denken gelangten, der vom Denken ferngehaltenen Menge».

Allerdings wurde Philosophie dann im arabischen Spanien so gefährlich wie Naturwissenschaft in Italien nach Galileis Prozeß (1615/16 bzw. 1633). Die islamische Orthodoxie hat «an dem Aufheben des Glaubens zum Wissen», wie Ernst Bloch es (mit Lessing) nennt, Rache genommen. Avicennas philosophische Enzyklopädie wurde 1150 auf Befehl des Kalifen von Bagdad verbrannt. Nicht besser erging es den Schriften des Averroës: Noch zu Lebzeiten des Philosophen waren sie dem Scheiterhaufen überantwortet worden. Wer sich mit seiner Philosophie beschäftigte, hatte schwere Bestrafung zu gewärtigen. Gott, heißt es im Edikt des Kalifen von Córdoba, habe das Höllenfeuer denen bestimmt, die lehren, auch durch pure Vernunft könne die Wahrheit gefunden werden. Die Machthaber wußten, was sie taten: Denn nicht die philosophisch-religiösen Sekten trugen, wie Ernest Renan schreibt, die «wahre philosophische Bewegung des Islam», sondern dieser habe fortgewirkt einzig bei Avicenna und Averroës.

Die von Avicenna ab eingeschlagene Richtung sollte die überlieferte Religion nicht nur in Wissen aufheben, auch in Tugend. «Wie der theoretische Inhalt der Religion hier weit über ihren Bildern steht und sie abstreift, ebenso steht der praktische Inhalt der Religion weit über ihren Zeremonien und streift sie noch entschiedener ab. Was moralisch bleibt, ist nach Avicenna wie Averroës das natürliche Sittengesetz...» (E. Bloch) Und gerade dieses natürliche Sittengesetz *über* den Religionen hat Ibn Tufail, von Avicenna herkommend und mit Averroës verbunden, in seinem *Hajj ibn Jaqzan* illustriert. Das Beste am religiösen Gesetz ist ihm zufolge gerade der nicht-religiöse Kern: die Sittlichkeit. Von dieser Verallgemeinerung, Öffnung her hat der morgenländische Naturalismus, nach Europa gewirkt: auf Abälard, auf Roger Baco, auf die europäische Aufklärung des siebzehnten und achtzehnten Jahrhunderts. Was habe Spinoza «nach langen Jahrhunderten, doch dem orientalischen Kulturkreis näher als irgendein anderer Denker», im *Theologisch-politischen Traktat* dringender zeigen wollen, schreibt Ernst Bloch, «als daß das Wesen der Religion nicht in der Anerkennung einzelner Dogmen, sondern in der humanen Gesinnung und der daraus entfließenden Praxis bestehe?» Es ist der gleiche Spinoza, der eine so bestimmende Rolle in Lessings Altersjahren spielen sollte.

Ehe wir der Wirkungsgeschichte des epochemachenden Werks nachgehen, muß noch ein Wort zu der religiösen Tradition gesagt werden, deren Geist es atmet, ja dessen Wesensart seine Entstehung überhaupt erst ermöglichte. Wir wissen, daß der Bereich der religiösen und moralischen Erfahrung es war, worin Christen und Mauren einander am häufigsten begegneten, aber auch mieden, weil das Lebensgefühl für jede der beiden Glaubensgemeinschaften ein anderes war. Ankunft und Gegenwart des Göttlichen in der Welt empfand der Maure, wie Americo Castro darlegt, in einer freudigen, dem Christen völlig fremden Weise. Mußte dieser zu seinem Gott hinaufsteigen, über Elend und Endlichkeit der sinnlichen Welt hinausgelangen, so ist jener, wie jedes Ding, durch das Wort, den Atem Gottes mit der Wirklichkeit verbunden. Für den Mohammedaner besteht kein wesentlicher Unterschied zwischen den Gärten dieser und jener Welt, zwischen der Wirklichkeit der Sinne und der Wirklichkeit des Geistes. Sein Glaube lehrt ihn, daß Gott noch immer dasselbe tut, was er im Augenblick der Erschaffung der Welt getan hat: als Schicksal schließt er alles Geschehen in den schöpferischen und unaufhörlichen Fluß des Göttlichen ein. Diese «Entmächtigung» des Menschen bedeutet jedoch zugleich dessen Eingewobensein in das Göttliche, erlaubt ihm, in «einer Welt der guten Nachbarschaft» (A. Castro) zu leben.

Vertraut der europäische Christ auf eine von Gott erschaffene feste Welt, fühlt er sich getragen von der *vita creata* seiner Kirche, so erlebt der Araber die Welt als eine ständig von der *vita creans* neu geformte und geordnete Wirklichkeit. «Das Leben und die Welt», schreibt Americo Castro, «verknüpfen sich auf diese Weise untrennbar mit dem Erleben dieses Lebens und dieser Welt und auch mit dem Bewußtsein, sie zu erleben – wie Menschen, die das Kreisen des eigenen Blutes fühlen.» Kein einziges Vorkommnis kann als statisch genommen werden, alles ist im Werden begriffen, ist Bewegung, Entwicklung. Naturerscheinungen lassen sich solcherart nur beschreiben als «erlebte» göttliche Schöpfung, bei der jeder Augenblick in offener Folge den nächsten erzeugt.

Angesichts dieser unterschiedlichen Schöpfungserfahrungen wird Robinson, versetzt man ihn zurück in die Welt des Islam, zu einer Allegorie für das Zusammenwirken von Gott und Mensch im Schöpfungsprozeß. Auf extreme Weise verkörpert er den Menschen, der nicht von einem exakten und objektiven Begriff der Wirklichkeit ausgehen kann, sondern Wirklichkeit als Einheit zwischen innerem Erleben und äußerer Erscheinung erfährt. Der Prozeß schöpferischer Weltentdeckung wird zum Spiegel des eigenen, Körper, Seele und Geist umfassenden Werdens. Bewußtsein wird zu einer Art «wanderndem» Bewußtsein, aufruhend auf lebendigem Leben und aufsteigend zu einem Ganzen, das Menschliches wie Göttliches umfaßt.

Es dürfte kein Zufall sein, daß die erste Übersetzung des *Hajj ibn Jaqzan* ins Holländische sich einem Freund des Einheit von Gott und Natur lehrenden Philosophen Spinoza verdankt. Die Tatsache, daß der Übersetzer in der zweiten Auflage als S. D. B. zeichnet, hat zu der Spekulation geführt, hinter den Initialen verberge sich kein geringerer als der jüdische Philosoph selber. Zumal das der Bibliotheca Rosenthaliana in Amsterdam gehörige Exemplar der *Opera posthuma* Spinozas mit der genannten Übersetzung zu einem Band vereinigt war. Fest steht inzwischen, daß Spinoza nicht genug Holländisch konnte, um eine solche Aufgabe zu bewältigen. Die Übertragung ist vielmehr das Werk Johan Bouwmeesters und erschien bei Jan Rienwerts, dem Verleger der Werke Spinozas. Jedoch könnte die inzwischen nachgewiesene Nähe von dessen Denken zu jenem der arabischen Philosophen der Grund dafür sein, daß Spinoza den Roman Ibn Tufails seinem Freund nachdrücklich empfahl und damit die Entstehung der Übersetzung anregte. Ein Exemplar der fertigen Ausgabe fand dann den Weg nach Wolfenbüttel: in die Hände des dortigen Bibliothekars G. E. Lessing. Die Folgen dieser Begegnung sind unübersehbar und blieben lange unerkannt.

Wann Ibn Tufails Roman überhaupt zum ersten Mal übersetzt wurde, ist nicht bekannt. Wir wissen jedoch, daß Moses von Narbonne 1349 zu einer bereits vorliegenden hebräischen Übersetzung einen Kommentar verfaßte. 1671 übertrug Edward Pococke junior den arabischen Text ins Lateinische und schuf damit die Grundlage für zahlreiche Sekundärübersetzungen. Erst 1708 lieferte Simon Ockley, ein Professor der Arabistik in Cambridge, eine englische Übertragung, die auf dem arabischen Original beruht. Sie trägt den so zeittypischen wie zukunftsweisenden Titel: *Die Verbesserung der menschlichen Vernunft, vor-*

The Improvement of

HUMAN REASON,

Exhibited in the LIFE of

Hai Ebn Yokdhan:

Written in *Arabick* above 500 Years ago, by *Abu Jaafar Ebn Tophail.*

In which is demonstrated,

By what Methods one may, by the meer **Light of Nature,** attain the Knowledg of things **Natural** and **Supernatural**; more particularly the Knowledg of GOD, and the Affairs of another Life.

Illustrated with proper FIGURES.

Newly Translated from the Original *Arabick*, by *SIMON OCKLEY*, A.M. Vicar of *Swavesey* in *Cambridgshire.*

With an APPENDIX,

In which the Possibility of Man's attaining the True Knowledg of GOD, and Things necessary to Salvation, without **Instruction**, is briefly consider'd.

LONDON: Printed and Sold by *Edm. Powell* in *Black-friars*, and *J. Morphew* near *Stationers-hall*. 1708.

geführt am Leben von Hai ebn Yoqdhan. Angemerkt sei hierzu zunächst lediglich, daß 1761 in London der Roman eines unbekannten Verfassers erschien, der beträchtliche Teile von Ockleys Übersetzung verarbeitete. Er trägt den Titel *The life and surprising adventures of Don Antonio de Trezzanio.* Wie Antonio Pastor in *The idea of Robinson Crusoe* darlegt, wurde von diesem Werk wenig oder gar keine Notiz genommen. Nicht einmal im *Wörterbuch der anonymen und pseudo-anonymen englischen Literatur* von Holkett und Lang sei es erwähnt. Nach dem Erscheinen von *Don Antonio de Trezzanio* blieb Ibn Tufails Roman dann für ein ganzes Jahrhundert vergessen. Was indessen wichtiger ist: Daniel Defoe hatte seinen berühmten, bereits 1719 erschienenen Roman *Life and strange surprising adventures of Robinson Crusoe* genannt: Der auf Ockleys Übersetzung zurückgreifende Anonymus sah offenbar keinen Grund, sich zum Titel Eigenes einfallen zu lassen. Er verbindet Defoes Titel mit Ibn Tufails Stoff. Ein Zufall? Kaum: Auch Defoes Roman weist eine verblüffende Ähnlichkeit auf mit dem in *Hajj ibn Jaqzan* entwickelten Thema.

Aus welchen Quellen, könnte an dieser Stelle gefragt werden, schöpft nun eigentlich Ibn Tufails philosophischer Roman? Gerade was deren Erforschung anbelangt, so ist zu Beginn unseres Jahrhunderts wesentlich neues Material ans Tageslicht gelangt. Bis dahin wußte man von keinem Text, dem Ibn Tufail die Grundidee zu seinem Werk entnommen hätte haben können. Abgesehen natürlich von den Quellen, die der Autor selbst in seiner Einleitung nennt: «Ich werde dir also», schreibt er dort, «die Geschichte erzählen von Hajj ibn Jaqzan, Asal und von Salaman, denen Meister Abu Ali [Ibn Sina] ihre Namen gab.» Nicht zu vergessen den Hinweis gegen Ende des Romans: «Vieles von dem, was sie [die Geschichte von Hajj ibn Jaqzan, Asal und Salaman] enthält, ist in keinem andern Werk zu finden und keinem der umlaufenden Berichte zu entnehmen.» Diese Versicherung des Autors entspricht indessen nicht den Tatsachen.

Es gibt kaum eine historische Persönlichkeit, deren Leben so häufig romanhaft ausgestaltet wurde wie jene Alexanders des Großen. Von Island bis zur Wüste Sahara, von Spanien bis nach China ist der Alexanderstoff verbreitet. Nicht alle Versionen der Alexandertradition, die auf spätgriechische romanhafte Ausgestaltungen des Lebens ihres Helden zurückgehen und fälschlicherweise dem griechischen Historiker Kallisthenes zugeschrieben werden, haben sich in thematisch geschlossenen Alexanderbüchern niedergeschlagen. Vieles begegnet uns in epigonenhafter Auswahl und Kürze wieder in Werken anderer Art und Gattung. So entdeckte der spanische Literaturwissenschaftler E. G. Gómez in einem arabischen Manuskript, das zu den Beständen der Bibliothek des Eskorial gehört, eine Erzählung mit dem Titel «Geschichte von Du l'qarnain [d. h. dem Zweigehörnten, sprich:

Alexander dem Großen]... und Erzählung vom Götterbild, dem König und seiner Tochter». Im Laufe einer seiner Expeditionen, berichtet dieser Text, sei Alexander auf die Insel Arin gekommen, wo er ein gewaltiges Götterbild gefunden habe, das eine Inschrift trug. Ein alter Weiser übersetzte sie und erklärte ihm, was es mit dem Bild auf sich habe. Es sei das Werk eines Königs, der einmal große Macht besessen habe. Was der Alte dem König im folgenden erzählt, erinnert in wesentlichen Zügen an die Lebensgeschichte Hajj ibn Jaqzans.

Held des arabischen Textes ist der natürliche Sohn einer Königstochter, der von seiner Mutter in einer schwimmenden Wiege ausgesetzt wurde. Die Strömung trägt das Kind auf eine einsame Insel. Dort nimmt eine Gazelle, deren Junges verendet ist, sich seiner an. Der Knabe beobachtet, denkt nach, findet Mittel und ersinnt Wege, Tiere zu fangen, sie zu zähmen. Aber er wird weder Weiser, noch Philosoph oder Mystiker. In der zweiten Hälfte der Geschichte kommt ein Mann auf die verlassene Insel und lehrt den Einsamen sprechen. Er unterrichtet ihn in den Wissenschaften, der Geschichte der Propheten, den Anfangsgründen der Religion. Dieser Mann ist kein anderer als sein Vater, der Geliebte seiner Mutter, der Sohn des Wesirs, der selber zum Wesir des Königs aufgestiegen und dann in Ungnade gefallen war. Von seinem Herrn in einer Barke ausgesetzt, gelangte er auf die Insel. Ein zufällig vorbeikommendes Schiff bringt Vater und Sohn, die nichts von ihren verwandtschaftlichen Banden wissen, auf eine bewohnte Insel. Was weiter geschieht, ist ohne Interesse, da nichts bei Ibn Tufail ihm entspricht. Doch die oben angeführten allgemeinen Züge und manches Detail bieten eine frappierende Übereinstimmung mit der Geschichte von Hajj ibn Jaqzan. Gómez kommt zu dem Schluß, daß die erwähnte Alexandergeschichte nicht mehr oder weniger umgeformtes «Echo» ist, sondern Quelle, aus der nicht nur Ibn Tufail für seinen philosophischen Roman geschöpft hat, sondern auch Baltasar Gracián für *El Criticón.* Die Originalität von Ibn Tufails Werk dürfte durch solche Abhängigkeit keineswegs beeinträchtigt werden. Sie besteht, wie Léon Gauthier schreibt, «weniger in der Erfindung einer neuen Erzählepisode oder einem neuen philosophischen Konzept als vielmehr in der großartigen Einpassung entlehnter populärer Erzählelemente in einen philosophischen Rahmen und deren Verschmelzung zu einem sehr lebendigen und völlig eigenständigen Werk.»

Auf die Geschichten von Telephus, dem Sohn des Herakles, der von einer Hirschkuh aufgezogen wurde, von Romulus und Remus und von Cyrus verweist die Beschreibung von Hajjs Geburt. Doch das Angebot an möglichen Quellen und Einflüssen ist noch weit umfangreicher: Es sei nur an Danae und ihr Kind, an Moses oder Amadis von Gaula erinnert. Das Schicksal, auf eine verlassene Insel verschlagen zu werden, teilt Ibn Tufails Held allerdings nur mit dem Sohn der Prinzessin aus dem Alexanderstoff. Was die Insel anbelangt, so handelt es sich in Geschichte und Roman um den gleichen Ort: Ceylon, einer der Plätze, wo der Garten Eden vermutet wurde. Weitere Zusammenhänge zu erschließen, muß der Motivforschung überlassen bleiben. Daß für sie Ibn Tufails Roman noch zu entdecken ist, läßt sich leicht belegen.

Es muß nicht wenig überraschen, daß der Gedanke der Parallelität von Philosophie und Religion, Vernunft und Offenbarung, wie er sich in Ibn Tufails philosophischem Roman findet, von der Literaturwissenschaft bislang völlig unbeachtet gelassen wurde. Da sich das Werk immerhin unter den «Vorrobinsonaden» aufgeführt findet, sollte man annehmen, Vertrautheit mit seinem Inhalt könne bis zu einem gewissen Grad vorausgesetzt werden. Das ist keineswegs der Fall. So beschränkt sich beispielsweise der niederländische, auch durch seine Arbeiten über Spinoza und Lessing bekannte Gelehrte Th. C. van Stockum in seinem «Robinson Crusoe, Vorrobinsonaden und Robinsonaden» überschriebenen Aufsatz auf die folgenden Angaben:

«Von eigentlichen Abenteuern ist... kaum die Rede, es hat vielmehr einen ausgesprochen philosophisch-didaktischen Charakter. Zwar verbringt der zu Anfang noch sehr jugendliche [!] Held einen großen Teil seines Lebens auf einer unbewohnten Insel, aber wir hören kaum etwas von seinem ‹Leben› und vielmehr ausschließlich von seiner geistigen Entwicklung. Auf Grund seiner geistigen Erfahrungen konstruiert er sich mit Hilfe der Abstraktionsmethode eine vollständige Mathematik, Physik, Astronomie, Anatomie, Physiologie und Psychologie, schließt mittels weiteren abstrakten Raisonnements auf die Einheitlichkeit der Welt und die Existenz eines ersten Bewegers. In seinem fünfunddreißigsten Lebensjahr jedoch verwirft er diese ganze aristotelische Konstruktion, kommt zur Selbsteinkehr und findet – gut neoplatonisch – auf dem Wege der Askese und Ekstase den direkten Zugang zum göttlichen Urprinzip.»

Es ist nach diesen knappen Angaben zum Inhalt kaum anzunehmen, daß der Verfasser mit dem Werk näher bekannt war und von den tieferen Zusammenhängen wußte.

Kaum informierter zeigt sich, um noch ein weiteres Beispiel zu nennen, der Autor der Darstellung *Abenteuer und Bürgertum. Zur Geschichte der deutschen Robinsonaden im 18. Jahrhundert.* Eine «Antizipation der Naturstandsdiskussion des 17. und 18. Jahrhunderts» mache diese letzte vor-defoesche Robinsonade des Typs «Darstellungen vor den europäischen Entdekkungsfahrten» aus. Hier handele es sich um eine «vordefoesche Robinsonade», meint der Verfasser, «die mit dem Motiv des illegitimen Sohnes, der auf dem Meer ausgesetzt wird, beginnt. Hai wird auf eine Insel gespült, von einer Hirschkuh genährt und aufgezogen, entwickelt allmählich qua Autodidaxe menschliche Fähigkeiten und Vermögen, die in der philosophischen Reflexion über die Welt und ihre Genesis enden.» Das ist alles, was dem Verfasser als mitteilenswert erscheint.

Doch kommen wir, um das Eigengewichtige und Neue an Ibn Tufails Entwurf weiter zu verdeutlichen, noch einmal auf die Stoffüberlieferung zurück. Wie der bereits erwähnte spanische Wissenschaftler E. G. Gómez berichtet, wurde in der alten Geschichte, Ibn Tufails Inspirationsgrundlage, der Wesir vom König nach einem unheilvollen Traum bestraft und ohne Nahrungsmittel in einem offenen Boot der Meeresströmung überlassen. Wie durch ein Wunder erreichte er die einsame Insel, wo das Kind der Prinzessin als einziger menschlicher Bewohner über die Tiere herrscht. Hier begegnet er seinem unbekannten Sohn, der zu Tode erschrickt, als das fremde Wesen sich ihm nähert, und «je näher der Wesir ihm kam, desto schneller davonrannte.» Der Verbannte setzt sich daraufhin nieder und betet, während der erschrockene, doch neugierige Inselbewohner verstohlen näherkommt. Vor allem die Laute der menschlichen Sprache haben es ihm angetan. Der Wesir macht ihm freundliche Zeichen und schreibt Buchstaben in den Sand. In der Folge gelingt es ihm, dem «Sprachlosen» die Furcht zu nehmen und ihn sprechen zu lehren. Er erzählt ihm von «der Einheit Gottes und der Pflicht, Ihm zu dienen.» Das *primum humanum* Sprache erscheint hier als Höchstes und Letztes im

Humanisierungsprozeß. Der Schritt zum Denken, zum geistigen Erwachen im Nach- und Mitvollzug der Schöpfung ist noch nicht vorgesehn; Ibn Tufail wird ihn gehen.

Man könnte sagen, daß Hajj ibn Jaqzan der «vollkommene Philosoph» sei: Um sich zu Gott und der Welt des Göttlichen zu erheben, bedarf er keiner Hilfe von außen. Denn nach Ibn Tufail ist die Religion (Symbole ohne Interpretation) für die Masse, die Philosophie (Interpretation ohne Symbole) für die denkenden Wenigen. Was die Überlegenheit der philosophischen Gotteserkenntnis über die auf die heiligen Bücher sich Berufende anbelange, schreibt P. Taoutel («Hajj ibn Jaqzan und die Philosophie des Ibn Tufail»), so wage Ibn Tufail nicht, sie ausdrücklich zu verkünden; sie sei aber letztlich der Kern der Geschichte von Hajj ibn Jaqzan. Der Verfasser degradiere die Offenbarung: Er stelle sie im Hinblick auf Würde und Wirksamkeit *unter* die philosophische Vernunft. Nicht *ancilla theologiae*, Magd der Theologie, sei die Philosophie in seinen Augen: Sie sei dem Wesen nach unabhängig und dazu bestimmt, den Weg zur Vereinigung mit Gott zu öffnen. Wenn der intelligente Leser sich die Zeit nähme, die Art zu bedenken, auf die Hajj ibn Jaqzan das Licht der Welt erblickte, lernte, sich nach und nach der Vollkommenheit und der Vereinigung mit Gott näherte, und dies nicht etwa durch Kenntnis des Buches und des Gesetzes, sondern durch die Vortrefflichkeit seiner Vernunft, seiner natürlichen Intelligenz, so werde er begreifen, was Ibn Tufail mit seinem Werk habe sagen wollen. Es sei diesem darum gegangen, die Persönlichkeit des Hajj ibn Jaqzan in voller Unabhängigkeit jener Asals gegenüberzustellen: dem Mann, der die Schrift und die Religion kannte, ohne daraus zu lernen, wie man sich der Vollkommenheit nähern kann. Tatsächlich: Erst als er sich Hajj ibn Jaqzan zum Vorbild erwählt und ihm nacheifert, gelangt er dorthin. Nun vermag er sich fast bis zur gleichen Höhe aufzuschwingen wie dieser. Bestätigung dafür, daß die Vernunft der Offenbarung überlegen ist, und damit die höchste Stufe erreicht ist in einer, wie Lessing es nennen wird: «Erziehung des Menschengeschlechts.»

Ein Beispiel für das Wirken des «inneren Lichts» sah George Keith in dem Werk Ibn Tufails. Keith, der den Text als erster aus dem Lateinischen ins Englische übersetzte, war ein prominenter Quäker. Nicht «Neugier» habe ihn dazu veranlaßt – was übrigens sowieso als «Sünde» betrachtet hätte werden müssen –, sondern die Tatsache, daß er «einige gute Dinge» darin gefunden habe, «würzig und erfrischend». «Auf vorzügliche Weise», zeige der Autor, «wie sehr sich das Wissen des Menschen, dem die Augen geistig geöffnet worden, von jenem Wissen unterscheide, das die Menschen einfach durch Hörensagen oder Lesen erwerben.» Der Leser solle nicht überrascht sein darüber, daß dieser Ungläubige «ein guter Mensch gewesen sei, weit überlegen jenen, die sich Christen nennen. Habe nicht Justin der Märtyrer den weisen Sokrates einen Christen genannt? Keith schließt seine Betrachtungen zu dem Werk mit zwei Zitaten. Das erste entnimmt er Augustinus' *De Civitate Dei*: «Auch glaube ich nicht, daß die Juden zu behaupten wagen, allein sie gehörten Gott an.» Das zweite stammt aus einem Kommentar des Luis Vives und schließt mit den Worten: So seien die Heiden, die kein Gesetz hätten und auf natürliche Weise die Dinge des Gesetzes täten, das Gesetz selber, «und dieses Licht des so Lebens ist die Gabe von Gott und kommt von dem Sohn, von dem geschrieben steht, daß er jedermann erhellt, der in die Welt kommt.»

Zwei Jahre nachdem der Quäker Keith seine Übersetzung veröffentlicht hatte, 1676, erschien Robert Barclays *Apologia der wahren christlichen Gottesgelehrsamkeit, wie sie von jenen geboten und gepredigt wird, die man im Zorn Quäker nennt.* In diesem theologischen Werk, das eines der wichtigsten seiner Art im Europa des 17. Jahrhunderts ist, bietet der Verfasser auch eine Zusammenfassung von Ibn Tufails Roman. Das «beste und sicherste Wissen von Gott» sei ihm zufolge «nicht dasjenige, das durch vorausgeschickte Prämissen und Schlußfolgerungen erreicht werde, sondern das, dessen man sich durch Vereinigung des menschlichen Geistes mit dem Höchsten Intellekt» erfreue. Barclays Werk wurde ins Holländische, Französische, Spanische, Dänische und Deutsche übersetzt. Das «innere Licht», die Gnade ist ihm zufolge *allen* Menschen gegeben. Alle Menschen, ob Christen oder Heiden, sind zum Licht geboren und können nur durch das Licht gerettet werden – ohne Hilfe der etablierten Religionen. «Öffnet die Quelle in euch ... laßt es eure Quelle sein und nicht die anderer!» Gedanken, die, wie Antonio Pastor schreibt, in vieler Hinsicht einer Art «natürlichem Platonismus» und einem «aufgeklärten Mohammedanismus» gleichen, wie wir ihn im Schlußteil der Geschichte von Hajj ibn Jaqzan finden.

Das Quäkertum gilt als angelsächsische Erscheinung. Von ihm praktisch unberührt blieben das katholische Frankreich und das lutherische Deutschland. Ausnahme bilden jene Gebiete im südlichen Frankreich und in den Niederlanden, wo der «Religion des Geistes» von den Albigensern und den deutschen und niederländischen Bruderschaften der Weg bereitet worden war. Man nannte diese Bruderschaften auch «enthusiastische Sekten» und verketzerte sie. Dies führt zum zweiten Teil dieser Eingangsüberlegungen.

•

«Das Ding, was man Ketzer nennt», schreibt Gotthold Ephraim Lessing in seinem Aufsatz über den «Ketzer» Berengarius Turonensis (1770), «hat eine sehr gute Seite. Es ist ein Mensch, der mit seinen eigenen Augen *wenigstens* sehen *wollen.*» In «gewissen Jahrhunderten» sei der Name «Ketzer» die «größte

Empfehlung, die von einem Gelehrten auf die Nachwelt gebracht werden» könne. Zu jenen, die mit «eigenen Augen wenigstens sehen wollen», gehört Lessing selber. Weshalb der Religionswissenschaftler Walter Nigg *(Das Buch der Ketzer)* seiner Verwunderung darüber Ausdruck gibt, daß noch niemand auf den Gedanken gekommen sei, Lessing unter dem Gesichtspunkt des Ketzers zu betrachten. Die «Ketzertheologie» dieser «ausgeprägten Häretikergestalt der Neuzeit» führe in größere Tiefen als seine Ausführungen über die *Hamburgische Dramaturgie*. Wenn Nigg den Lessing gewidmeten Teil seines Werkes mit der Einschränkung einleitet, der «Rätsel-Lessing» sei nicht auf eine Formel zu bringen, immer bleibe ein ungelöster Rest, so ist dem nachdrücklich beizupflichten.

Es ist wohl kein Zufall, daß der «Ketzer» Lessing bei Nigg in einer Gesellschaft erscheint, deren Denkpositionen gewisse Ansätze gemein sind. Ein Problemkreis zeichnet sich ab, dessen Beschaffenheit die Frage nahelegt, ob nicht auch Lessings theologische Grundeinstellung, so widerspruchsvoll sie immer sein mag, von ihm aus gedeutet werden könnte. Oder sollte es nur auf einem seltsamen Zusammentreffen beruhen, daß sich an Niggs Namensliste zugleich theologisch-philosophische Problemkonstanz ablesen läßt, welche «Ketzer» wie die Gnostiker, Origenes, Johannes Scotus Eriugena, Peter Abälard, die Brüder und Schwestern des freien Geistes, Joachim von Fiore, Sebastian Franck, Gottfried Arnold, Baruch Spinoza oder Blaise

Pascal an einen gemeinsamen Bezugspunkt bindet und in eine durchgehende Fluchtlinie rückt? Wie bewiesen werden kann, handelt es sich keineswegs um ein «seltsames Zusammentreffen». Nicht allein lassen sich «gemeinsamer Bezugspunkt» und «Fluchtlinie» im einzelnen bestimmen, auch Lessings «Berührung» mit ihnen.

In der Vorrede zu seiner Übersetzung von François Augier de Marignys *Geschichte der Araber unter der Regierung des Califen* findet der Dichter und Philosoph Lessing Worte des Lobes für den Entschluß des Autors, ein solches Werk in Angriff zu nehmen, und meint, «vielleicht würde ich selbst darauf gerathen seyn, wann er mir nicht zuvorgekommen wäre». Es fällt schwer, sich Lessing als Verfasser einer Geschichte der Araber vorzustellen. Wie ernst es ihm jedoch mit diesem Kompliment war, kann daraus geschlossen werden, daß er den ersten Band des Werkes und den «größten Teil des zweiten» übersetzte, eine «Vorrede des Übersetzers» beisteuerte und die Übersetzung in der «Berlinischen privilegirten Staats- und gelehrten Zeitung» ankündigte. Alle drei Teile wurden von ihm rezensiert.

«Seit dem Verfalle des römisches Reichs», schreibt Lessing, verdiene wohl die Geschichte keines einzigen Volkes «mit mehrerm Rechte bekannt zu seyn, als die Geschichte der arabischen Muselmänner; sowohl in Betrachtung der großen Leute, welche unter ihnen aufgestanden sind..., als in Ansehung der Künste und Wissenschaften, welche ganze Jahrhunderte hindurch den schönsten Fortgang unter einem Volke genoßen, welches uns unsere Vorurteile gemeiniglich als ein barbarisches Volk betrachten lassen.» Wenn je «große Geister unter einem Volke aufgestanden» seien, welche die «erstaunlichsten Veränderungen zu unternehmen und auszuführen im Stande waren», so seien sie «damals unter den Arabern aufgestanden.» Ihre Taten stünden «den so gepriesenen Thaten der Griechen und Römer in wenig oder nichts nach.» Doch solle man nicht denken, die Araber hätten «sich bloß als tapfre Barbaren» gezeigt. Auch die Tugend, «und oft eine mehr als christliche Tugend», sei unter ihnen bekannt gewesen. «Gewiß» werde man die Beispiele «mit einem angenehmen Erstaunen» lesen. Nicht anders als «mit vielem Vergnügen», merkt Lessing zum zweiten Teil von Marignys Werk an, werde man die Beschreibung «einer so wichtigen Epoche für den menschlichen Verstand» verfolgen, in der bei einem Volk «plötzlich» die *Aufklärung* begann, so daß es «in kurzem eben so viel Gelehrte als Helden aufzuweisen» gehabt habe.

Es mag überraschen, daß Lessing sich im Zusammenhang mit den Mohammedanern des Verbs «aufklären» bedient. Was meint er damit? Wenn wir in der Aufklärung eine Bewegung sehen, die das Ziel verfolgt, «auf religiöser oder politischer Autorität beruhende Anschauungen durch solche zu ersetzen, die sich aus der Betätigung der menschlichen Vernunft ergeben», so liegt es nahe, Lessings Bemerkung primär auf jene Epoche der islamischen Philosophie zu beziehen, deren Relevanz für das europäische Denken in keinem Verhältnis zu ihrer Notorietät steht. Nicht nur leitete sie den europäischen Humanismus ein, sie lieferte auch wichtigen geistigen «Gärstoff» für den europäischen Protestantismus und konnte zum Stimulus für die philosophisch-religiösen Anschauungen der englischen Pietisten werden.

Erstaunlicherweise enthält sich der Dichter in seiner «Rettung der Araber» jedoch gerade des Kommentars zu dieser Epoche. Der Kritik, die Baumgarten zwei Jahre zuvor an Marignys Werk geübt hatte, weicht er aus ins Unverbindliche. Der deutsche Ästhetiker hatte die Darstellung der Unvollständigkeit geziehen, weil sie die arabischen Reiche in Spanien ausspare. Lessing nimmt den Verfasser mit dem wenig überzeugenden Hinweis in Schutz, seiner Meinung nach komme es in erster Linie auf «den Faden der Hauptgeschichte» an. Wer die Sachlage kennt, vermag dem kaum beizupflichten. Erwiesenermaßen konnte, was die geistige Bedeutung anbelangt, ab dem 10. Jahrhundert Cordova durchaus mit Bagdad konkurrieren. Andererseits darf davon ausgegangen werden, daß die großen Themen des islamischen Neoplatonismus im Osten wie im Westen gleichermaßen entwickelt wurden, Kenntnis des einen Zweigs bis zu einem gewissen Grad jene des andern einschließt. Besonders gilt dies für eines der Hauptthemen des islamischen Neoplatonismus: das Problem der Harmonie von Philosophie und Dogma, Vernunft und Offenbarung. Auch wenn Lessings Rezension auf eingehendere Kenntnis der arabischen Geschichte und Kultur schließen läßt, liegt es auf der Hand, daß der Autor 1753 von einem ihrer glänzendsten Kapitel nur eine vage Vorstellung besaß.

Hat der Rezensent diesen Mangel erkannt und später behoben? Vieles spricht dafür. Vor allem die Tatsache, daß Lessing am 29. Mai in einem Brief an den Vater erwähnt, es sei seine Absicht, Marignys *Geschichte der Araber*, die er zu übersetzen begonnen hatte, um einen vierten Teil zu ergänzen. Er sollte von der «Geschichte der Moraviden in Spanien» handeln und noch weitere «wichtige Begebenheiten» anführen, «deren Einfluß sich nicht allein auf das kleine Arabien» erstreckt, wie Lessing zum zweiten Teil schrieb, «sondern zugleich auf die ganze christliche Welt». Die Almoraviden, sei erinnert, sind jenes spanisch-marokkanische Herrschergeschlecht, das gestürzt wurde von den Almohaden, unter denen die muslimische Philosophie Spaniens ihre höchste Entfaltung erreichte.

Im Mai 1763, zehn Jahre nach Lessings wiederholtem Eintreten für Marignys Werk, bedankt der Philosoph Moses Mendelssohn sich bei seinem Freund Lessing für die «Mitteilung» eines «Büchleins». Als ihm *Tristram Shandy* «noch nicht gefiel», habe er ihn aus der Hand gelegt und «den philos.-autodidaktus» gelesen. «Es war mir überaus angenehm», schreibt Mendelssohn, «die Denkart und das ganze System unserer hebräischen Weltweisen in diesem Araber wieder zu finden. O was für Schritte hat die Weltweisheit seit der Zeit des Verf. gethan! Nichts als die Lehre von Gott war zu seiner Zeit gebildet. Seine Begriffe von der Welt, von der Seele, und seine ganze Moral sind höchst elend. Jedoch, die Zeit kann unmöglich an dieser Unwissenheit schuld seyn; denn Plato und Aristoteles hatten schon weit geläutertere Begriffe. Vielleicht die Religion – Sie wissen, was diese für Wirkungen hervorbringt, wenn sie enthusiastisch wird. Wann man mit dem Kopfe so lange der Sonne nachahmet, bis man den Schwindel bekömmt, so ist er eben nicht sehr zu Philosophie aufgelegt.»

Nichts an Mendelssohns beiläufigen, verständnislosen, fast verächtlichen Bemerkungen zu einem Text, dessen Lektüre ihm doch Lessing nahegelegt hatte, deutet darauf hin, daß es sich bei dem «Werkchen» um eines der «originellsten» und «bemerkenswertesten» Bücher des Mittelalters handelt: Ibn Tufails *Hajj ibn Jaqzan*. Dennoch, muß eingeschränkt werden, braucht solche zurückhaltende Reaktion zu jener Zeit nicht unbedingt Außergewöhnliches gewesen zu sein. Dem auf dem Boden des «Vernunftsgesetzes» Stehenden dürften vor allem die mystischen Implikationen an Ibn Tufails Werk bewußt geworden sein. Der Einspruch, zu dem sie ihn herausforderten, trübte ihm den Blick dafür, daß der Freund Lessing ihm mit dem Buch eines der «Quellgebiete» (E. Bloch) der Aufklärung zu erschließen suchte. Damit befand Mendelssohn sich im Einklang mit der traditionellen Auffassung von «Schwärmertum». Schwärmerei, Enthusiasmus, Ketzertum, um nur einiges zu nennen, gehören zusammen.

So gingen die «enthusiastischen Sekten» hinter die vermittelnden Institutionen der Kirche, der «Heilanstalt», auf die eigene Inspiration und unmittelbare Vereinigung des Gläubigen mit Gott zurück. Ausschlaggebend war die selbsterlebte, lebendige Offenbarung des heiligen Geistes. Calvins Freund Guilleaume Farel setzte schließlich schwärmerischen Spiritualismus und materialistischen Naturalismus in eins. Beiden gemeinsam ist der pantheistische Monismus, der in allen Erscheinungen «nur die Äußerung des einen göttlichen Prinzips sieht, ob es nun der Geist Gottes oder die Gott-Natur ist.» Es dürfte kein Zufall sein, daß die Libertiner, sprich: Enthusiasten, im Verlauf des 17. Jahrhunderts aus dem historischen Bewußtseins verschwanden. Sie hatten ihre Mission erfüllt, als Wegbereiter und Vermittler zwischen dem Untergang des Menschen in Gott und Gottes Untergang im Menschen – als Vernunftsvergottung des dritten Zeitalters in der «Erziehung des Menschengeschlechts».

Ob Mendelssohn sich über diese Zusammenhänge im klaren war, als er die Bekanntschaft mit Ibn Tufails Roman machte, ist fraglich. Dennoch befand er sich mit seinem Hinweis auf den «Enthusiasmus», die göttliche Begeisterung, das ekstatische Ergriffensein vom Göttlichen, auf dem «richtigen», d. h. klischeegerechten Weg. Denn schon Simon Ockley hatte sich veranlaßt gefühlt, von dem gefährlichen Einfluß des verdächtigen Buches sich in einem Appendix zu distanzieren. Die Quäker, schreibt er im Vorwort zu seiner Übersetzung, hätten sich eingebildet, «daß etwas an ihm wäre, das ihren enthusiastischen Gefühlen entgegen kam.» Und hatte nicht auch der Quäker Keith in einer Abhandlung geschrieben: Er wolle nur bemerken, nicht anders als «die wahre Frömmigkeit in allen Ländern und Klimaten die gleiche» sei, sei dies auch der Enthusiasmus. Wer wollte schon mit «Religionsfanatikern» wie Keith in einem Atemzug genannt werden. Und dazu noch im 18. Jahrhundert.

Überraschenderweise hält der Dichter des *Phädon* es nicht einmal für nötig, in seinem Brief an Lessing den Autor des ihm empfohlenen Buches beim Namen zu nennen. Der von ihm «philos.-autodidactus» abgekürzte Titel läßt darauf schließen, daß es sich um die lateinische Übersetzung handelte: *«Philosophus autodidactus, sive epistola Abi Jaafer ebn Tophail de Hai ebn Yokdhan qua ostenditur quomodo ex inferiorum contemplatione ad superiorum notitiam ratio humana ascendere posset.»* Sie stammt von E. Pococke, dem Jüngeren, und ist eine wörtliche, etwas umständliche Wiedergabe, die den arabischen Text begleitet und als eindrucksvolle Leistung gelten kann. Angesichts des Pro-

Der von sich selbst gelehrte Welt-Weise;

Das ist,
Eine angenehme und sinnreiche Erzählung der wunderbahren Begebenheiten des

Hai Ebn Yockdahn;

Darinnen vorgestellet wird,
Wie derselbe durch das Licht der Natur zur Erkenntnüß natürlichen und übernatürlichen Dinge; absonderlich GOttes / der Unsterblichkeit der Seele und des andern Lebens gelanget sey;
Anfänglich
im Arabischen geschrieben
von

Abu Jaafar Ebn Tophail;

Hernach von berühmten Männern in das Lateinische und Englische, nunmehro aber in das Hochteutsche übersetzet, und mit geschickten Kupfern, wie auch einem gedoppeltem Anhang heraus gegeben
von

I. G. P.

Franckfurth und Nürnberg /
Bey Peter Conrad Monat. 1726.

Der Naturmensch

oder

Geschichte

des

Hai Ebn Joktan

ein morgenländischer Roman

des

Abu Dschafar Ebn Tofail.

Aus dem Arabischen übersetzt

von

Johann Gottfried Eichhorn,

Professor zu Jena.

Mit Königl. Preuß. Chursächs. und Churbrandenb. allergnädigsten Freyheiten.

Berlin und Stettin

bey Friedrich Nicolai, 1783.

gramms, das der breite lateinische, den Geist der Aufklärung atmende Titel umschreibt, muß Mendelssohns Reaktion doppelt unverständlich anmuten.

Damals lagen übrigens außer der genannten noch folgende Ausgaben des den Kern von Lessings Lebensansicht berührenden Werkes vor und hätten zur Lektüre empfohlen werden können. Neben der alten lateinischen, auch den arabischen Text wiedergebenden Ausgabe von Ed. Pococke (1671 und 1700), den auf diese zurückgehenden Übersetzungen von Georges Keith (1674) und Ashwell (1686) sowie der 1708 erschienenen und 1711 neuaufgelegten sich direkt auf das arabische Original stützenden Übersetzung von Simon Ockley gab es zu diesem Zeitpunkt auch die bereits erwähnte holländische (1672) und eine frühe deutsche Fassung (1726). Letztere stammt von J. Georg Pritius und trägt den Titel: «Der von sich selbst gelehrte Weltweise; das ist, eine angenehme und sinnreiche Erzählung der wunderbaren Begebenheiten des Hai Ebn Jakdhan.» Erst 57 Jahre später (1783) legte der Verlagsbuchhändler Friedrich Nicolai in Berlin eine deutsche Ausgabe vor, die im Gegensatz zu der Pococke und Ockley als Grundlage benutzenden Verdeutschung von Pritius auf das arabische Original zurückgeht. Sie stammt von J. G. Eichhorn und bringt den umständlichen Titel der früheren Ausgabe auf die Kurzformel: *Der Naturmensch.* In dieser «Rousseauisierung» spiegelt sich eine Sichtweise und Einschätzung, die der Änderung der Zeiten entsprach. Allerdings hatte der Engländer Ockley bereits zu Anfang des 18. Jahrhunderts der Fortschrittlichkeit englischen Denkens durch Ankündigung des Werkes als Beispielerzählung zur «Verbesserung der Vernunft» Ausdruck verliehen. Wenn Eichhorn dann zur Rechtfertigung seiner Übersetzung sich auf Leibniz beruft und versichert, der Philosoph habe diese «sinnreichen Entwicklungen» des arabischen Verfassers «mit Theilnehmung und Vergnügen» gelesen, so war diese positive Reaktion nach allem bislang Gesagten zu erwarten gewesen. Die Anregung zu der Übersetzung, schreibt Eichhorn, sei von seinem Freund Nicolai ausgegangen; er habe ihm «die erste Veranlassung» gegeben. Da die Vorrede das Datum 1782 trägt, kann ihre Konzipierung, zu der es wohl *nach* Abschluß der Übersetzungsarbeit gekommen ist, noch in die Lebenszeit Lessings hinüberreichen. Geht sie am Ende auf seinen Vorschlag zurück wie die Lektüre des Buches durch Mendelssohn? Wir wissen es nicht. Was wir indessen wissen: «die innigste Freundschaft» verband Nicolai mit Lessing, und diese hat bis zum Tod Lessings fortgedauert.

Der Name des arabischen Philosophen taucht bei Lessing zu einer Zeit auf, dem Breslauer Aufenthalt von 1760–65, als dieser sich vorwiegend dem Studium Spinozas und der Kirchenväter widmete. Es ist die gleiche Zeit – Moses Mendelssohn bedankte sich bei dem Freund Lessing für die «Mitteilung» des *Philosophus autodidactus* im Mai 1763 –, in der das Fragment

«Von der Art und Weise der Fortpflanzung und Ausbreitung der christlichen Religion» entstand. Lessing ironisiert darin den «natürlichen Lauf» christlicher Glaubensverbreitung und spricht von dem «wahren Kunststück eines neuen Religionsstifters», welches darin bestehe, den Pöbel mit möglichst geheimnisvollen, alles und nichts bedeutenden Versprechungen zu locken. «Wahrheit und Philosophie» würden ihn allerdings bei diesen nicht weit bringen. Der Religionsstifter müsse aufhören, Philosoph zu sein: Er muß Heiliger und Seher werden «oder es sich zu sein stellen». Man könnte meinen, hier Ibn Tufails Held sprechen zu hören, als er sich enttäuscht von der «Masse» abwendet. Er hatte erkennen müssen, daß sie, wie Lessing in der unvollendet gebliebenen Paragraphensequenz «Über die Entstehung der geoffenbarten Religion» (1763/64) sagt, «einer allgemeinen gleichartigen Ausübung» der Religion der Natur «nicht fähig» ist und einer positiven Religion bedarf.

Lessing besprach den letzten Teil von Marignys Werk 1754. Im gleichen Jahr entstand eine weitere «Rettung»: die Schrift «Rettung des Hier. Cardanus.» Nach Auffassung des Cardanus, schreibt Lessing, enthalte «die ganze Lehre Christi nichts, was mit der Moral und mit der natürlichen Weltweisheit streite, oder mit ihr in keine Einstimmung könne gebracht werden.» Der Verfasser hebt die dem Islam innewohnenden Elemente der natürlichen Religion hervor und legt die Verteidigung der Vernunftreligion dem

Mohammedaner in den Mund. Da seine Religion die wenigsten positiven Zusätze habe, komme sie der natürlichen Religion am nächsten. Was unter «natürlicher Religion» zu verstehen ist, hat Lessing in seinem Beitrag zu «Der Wahrsager» dargelegt: Der Naturalist glaube und behaupte «nach reiflicher Überlegung» nur, «was ihm Natur und Vernunft, *nach seiner Einsicht,* lehren. Eines Naturalisten Religion ist sein Gewissen; eine Religion, aus welcher die Tugenden entspringen, und welche keine Laster zu zeigen im Stande ist.»

Der Grundsatz der Lehre Mohammeds beruhe «auf der Einheit Gottes, oder auf der Wahrheit, daß nur Ein Gott sey, und seyn könne», heißt es, zwanzig Jahre später, in der 1774 erschienenen Schrift «Von der Duldung der Deisten». Lessing gibt in ihr einen Vorgeschmack aus dem Werk des «Ungenannten» und zitiert: «Ich getraute mir, wenn dieses mein Hauptabsehen wäre, das vornehmste der natürlichen Religion aus dem Alkoran gar deutlich, und zum Theile gar schön ausgedrückt dazuthun, und glaube, daß ich bey Verständigen leicht darinn Beyfall finden werde, daß fast alles wesentliche in Mohamets Lehre auf natürliche Religion hinauslaufe.» Wenn Lessing 1777 in den «Gegensätzen des Herausgebers» zu den «Papieren des Ungenannten» schreibt, es sei gewiß, «daß die Einheit, welche das Israelitische Volk seinem Gotte beylegte, gar nicht die transcendentale metaphysische Einheit war, welche itzt der Grund aller natürlichen

Theologie ist», da sich «der gemeine menschliche Verstand in so frühen Zeiten» noch nicht «bis zu *der* Höhe» erhoben hatte, so kann diese Einschränkung sich kaum auf die Religion der Mohammedaner beziehen. In der zentralen Idee der Einheit der allgemeinen Vernunft, die als aktiver, universeller Intellekt Inkarnation der Gottheit ist, erfuhr der Einheitsgedanke in der arabischen Theologie und Philosophie seine Fortbildung. Wie es viele Philosophieschulen gibt, aber nur *eine* Wahrheit, so auch viele Pfade, aber nur *ein* Ziel.

Lessings positive Einstellung zum Islam ging weit über bloßes Verständnis hinaus. Stellte er die Religion Mohammeds über das Christentum wie nach ihm Nietzsche, als er schrieb: «An sich sollte es ja keine Wahl geben, angesichts von Islam und Christentum ...»? Das ist nicht anzunehmen. Eher ist daran zu denken, daß Gegenüberstellung und Spiegelung klärender Reduktion dienen sollten. So provoziert Lessing in der Wolfenbütteler Abhandlung «Des Andreas Wissowatius Einwürfe wider die Dreyeinigkeit» (1773) durch ein geschickt gewähltes Zitat einen Vergleich zwischen Christentum und Mohammedanismus. Sein Ziel: Zweifel zu wecken, zum Nachdenken anzuhalten. Tatsächlich fällt der Vergleich nicht zur höheren Ehre des Christentums aus. Um so mehr nimmt es wunder, daß in den hundert kurzen Paragraphen der religionsphilosophischen Schrift «Die Erziehung des Menschengeschlechts» (1780) die Religion Mohammeds nicht einmal namentlich vorkommt. Hatte Lessing in der Vorrede zu seiner Übersetzung von Marignys Geschichte der Araber nicht betont, er hätte gern selber über die Künste und Wissenschaften der Araber geschrieben? Und hatte er nicht deren Tugend als «oft... mehr als christliche Tugend» gerühmt? Doch nun kein Wort über die Religion dieser Tugend.

Oder sollte der Hinweis auf «die andern Völker des Erdbodens», die «bey dem Licht der Vernunft ihren Weg fortgegangen» seien, während «Gott sein erwähltes Volk durch alle Staffeln einer kindischen Erziehung führte», die Mohammedaner einbeziehen? Die «meisten» der Völker seien «weit hinter dem erwählten Volke zurückgeblieben», «nur einige» ihm «zuvorgekommen». Es sei wie mit Kindern: «einige bilden sich zum Erstaunen selbst», andere blieben «ganz roh» – wie das Volk der Juden, bevor Gott sich ihm offenbarte. Lessing nennt diese «glücklichern Einige», die «vor dem erwählten Volke noch bis itzt einen Vorsprung zu haben scheinen»: «glücklicher organisierte Kind(er) der Natur». Enthalten diese Sätze eine Anspielung auf Ibn Tufails Roman von dem «Naturmenschen», der durch eigenes Schauen und Denken zu den «ewigen Wahrheiten» vordringt? Erinnern wir uns: Ein in den Jahren 1775/76 entstandener Entwurf ist überschrieben: «Meines Arabers Beweis, daß nicht die Juden, sondern die Araber die wahren Nachkommen Abrahams sind.»

Lessing hatte keinen Namen für die neue, auf Natur und Vernunft sich gründende, wesentliche Elemente der jüdischen, christlichen und islamischen Religion berücksichtigende universale Humanitätsreligion, deren Verwirklichbarkeit er in seinem Lehrdrama vom weisen Nathan zur Debatte gestellt hatte. Ist sie die Religion der Philosophen? In Fortführung einer Grundkonzeption, die, wie behauptet wird, sich bereits bei Origenes findet und verschiedene Stufen innerhalb der christlichen Religion durchläuft? Aber verdient Lessings «neues Evangelium», wäre zu fragen, überhaupt den Namen «christlich»? Den Stellen, aus denen man direkten Beweis für das Christentum schöpfen wollte, lassen sich andere das Gegenteil besagende mit ganz gleichem Recht gegenüberstellen.

Lessings Quellen sind so zahlreich wie (scheinbar) widerspruchsvoll. Angeführt werden im allgemeinen die Kirchenväter, die mittelalterlichen Spiritualisten und Giordano Bruno, Spinoza, Leibniz oder Herder. Doch anderes, nach dem Gesagten zweifellos Näherliegendes, Zusammenhang und Entwicklungslinie Konstituierendes blieb bislang unerwähnt.

So hätte Lessings Deutung von Offenbarungs- und Vernunftwahrheit als zwei Weisen desselben, als dem Entwicklungsgrad nach verschiedene Annäherungsstufen an die Wahrheit, seine These, daß die Offenbarung dem Menschengeschlecht als besitzenden, «passiven» Gläubigen nichts gebe bzw. zuteil werden lasse, worauf die menschliche Vernunft, sich selbst überlassen, in der aktiven Leistung des «Gelehrten» nicht auch kommen würde, sein Festhalten am widerspruchsvollen Begriff der «Vorsehung» oder der Idee der Seelenwanderung, wie sie beispielsweise der mit Keith bekannte und von Lessing in Beziehung zu Cardanus gesetzte Anhänger des paracelsisch-böhmischen Vitalismus Johann Baptist van Helmont vertrat, dazu einladen können, hinter die in Erscheinung tretenden Einzelphänomene zurückzugehen und ein umfassend Verbindendes herauszuarbeiten. Es wäre daran zu denken gewesen, die Tradition des «bürgerlichen Rationalismus» in Betracht zu ziehen, der im Averroismus des 13. Jahrhunderts seinen «frühbürgerlichen Höhepunkt erreicht und sich im Humanismus fortsetzt» (L. Kofler). Wenn Lessing anknüpft bei dem kräftigen Naturalismus neuplatonischen Gepräges, welcher der Vernunft in apodiktischer Weise das Vermögen zuspricht, Gott zu erkennen und sich die würdigsten Begriffe von ihm zu machen, so läßt sich dergleichen, wie gezeigt, bereits Jahrhunderte früher nachweisen für Südspanien, «der Wiege der Wiedergeburt Europas» (R. Briffault), wo die islamische Kultur eine letzte bedeutende Nachblüte fand und das Toleranzgebot im Zusammenleben von Christen, Juden und Mohammedanern täglich gelebte Erfahrung war.

In der geplanten Vorrede zu *Nathan der Weise*, von der zwei unleserlich geschriebene, jetzt verschollene Blätter sich im Nachlaß fanden, sagt Lessing, er habe «nicht viel dagegen einzuwenden», wenn man sagen

werde, es sei seine Absicht gewesen, «Leute, die sich über geoffenbarte Religion hinweggesetzt hätten und doch gute Leute gewesen wären», in dem Stück «in einem weniger abscheulichen Licht» vorzustellen, als «in welchem der christliche Pöbel sie gemeiniglich erblickt.» Dem möglichen Vorwurf, er habe «jenerlei Leute» nur «unter Juden und Muselmännern» gefunden, begegnet der Historiker Lessing mit dem schwerwiegenden, wohlfundierten Hinweis, daß «Juden und Muselmänner damals die einzigen Gelehrten waren». Die Antithese von Vernunft und Offenbarung wird solcherart «bildungsmäßig» begründet: für den weniger gebildeten «Pöbel» die *Offenbarung*, für den Gebildeten, «Gelehrten», den Philosophen, die *Vernunft*. Letzterer hat als der «fortschrittlichere» zu gelten auf dem vorgezeichneten Entwicklungsweg der Menschheit: von der positiven zur natürlichen Religion. Abgrenzende Zuordnung führt zur Überwindung antithetischer Trennung.

Ist Lessings Äußerung so zu verstehen, könnte allerdings auch gefragt werden, ob als Vertreter der neuen Universalreligion der jüdische oder islamische Gelehrte zu gelten hat? Ein Maimonides oder ein Averroës? So abwegig ist der Gedanke nun freilich keineswegs. Doch würde von dem Religionsphilosophen Lessing die Annahme der Märtyrerkrone verlangt haben, wer ihn zum offenen Bekenntnis zur großen Ketzertradition genötigt hätte, die kirchliche wie weltliche Machthaber jahrhundertelang zu ge-

walttätigem Widerspruch herausforderte. Es sei nur an den berüchtigten Spinozismus-Streit erinnert. Im übrigen kann zusammenfassend die These aufgestellt werden, Lessing habe in seiner *Erziehung des Menschengeschlechts* den Islam deswegen aussparen können, weil wesentliche Komponenten der von diesem vertretenen Tradition der neuen «ketzerischen» Perspektive immanent zu denken sind. Die «fortschrittlichsten» Bekenner des Islam wären demnach jenen wenigen («einigen») «Völkern des Erdbodens» zuzurechnen, die «bey dem Licht der Vernunft ihren Weg fortgegangen», dem erwählten Volke «zuvorgekommen». Und trifft es nicht tatsächlich zu, daß allein die Mohammedaner Grund haben, mit der Art, wie sie im *Nathan* repräsentiert sind, zufrieden zu sein?

Man «vergönne» ihm, bittet Lessing den Leser in «Gedanken über die Herrenhuter», daß er Christus «hier nur als einen von Gott erleuchteten Lehrer ansehen» dürfe. Geht man davon aus, daß diese Einschränkung noch 1773 der Auffassung Lessings entsprach, so ergibt sich aus dieser Prämisse in Verbindung mit der folgenden, späteren Äußerung eine Respons auf die obige These. «Was haben sie», die Socinianer, fragt Lessing in der Betrachtung «Des Andreas Wissowatius Einwürfe wider die Dreyeinigkeit», «auch ja gründlich jenen Folgen entgegengesetzt, die nothwendig aus ihrer Lehre fließen?» Welche Folgen? Daß, «wenn *Christus* nicht *wahrer* Gott ist, die mohametanische Religion eine unstreitige Verbesserung der

christlichen war, und Mohamet selbst ein ungleich größerer und würdigerer Mann gewesen ist, als Christus.» Warum sollte für Lessing, wäre zu fragen, jetzt nicht mehr gelten können, was er dreiundzwanzig Jahre zuvor so nachdrücklich bekannte? Würde es nicht sogar naheliegen, daß ihm jetzt noch größere Geltung zukäme? «Ich sage es noch einmal, ich betrachte hier Christum nur als einen von Gott erleuchteten Lehrer.»

Wenden wir den Blick an dieser Stelle zum Vergleich noch einmal zurück ins 12. Jahrhundert zu Ibn Tufail. Die religiösen Vorstellungen sind für den Dichterphilosophen bildliche Hüllen einer Wahrheit, der sich die Philosophie in einem stufenweisen Erkenntnisprozeß nähert. Die positive Religion mit ihrem Gesetz dient nur der notwendigen Zucht der Masse. Läßt Ibn Tufail seinen «Naturmenschen» qua Philosophen ohne Offenbarung, durch bloßen Gebrauch seiner Vernunft zur Gotteserkenntnis gelangen, so muß die Menge ähnlicher «Erziehung» unterworfen werden, wie dies nach Lessing der Entwicklungsstufe der Kindheit entspricht: der «Erziehung durch unmittelbar sinnliche Strafen und Belohnungen». In der Lessing bekannten «Ethik» Abälards heißt es später, daran anklingend: Mit Recht lehrten die Philosophen, daß die Guten die Sünde aus Liebe zur Tugend hassen und nicht aus knechtischer Furcht vor Strafe. Jenem Zustand, der «diejenige Reinigkeit des Herzens» hervorbringt, «die uns die Tugend um ihrer selbst willen zu lieben fähig macht», setzt schließlich Lessing die «völlige Aufklärung» gleich.

Fortschreitende Assimilierung des Ich an Gott bedeutet für Ibn Tufail Selbsterfüllung. Entfaltung und Gebrauch der Vernunft als Vollzug der göttlichen Vorsehung sind das höchste, das der Mensch im Erziehungsplan Gottes zu erreichen vermag. In der Religionsphilosophie des arabischen Autors entsprechen Vernunftwahrheit und Offenbarungswahrheit einander; sie sind zwei Wege zum gleichen Ziel: Gott, Erkenntnis seiner Wahrheit. Ohne daß dies deutlicher ausgesprochen würde, ergibt sich die Lehre, daß die «beste geoffenbarte oder positive Religion», wie Lessing im 11. Paragraphen von «Ueber die Entstehung der geoffenbarten Religion» sagt, diejenige ist, welche «die guten Wirkungen der natürlichen Religion am wenigstens einschränkt». Doch, kann hinzugefügt werden, eigentliches Ideal Ibn Tufails ist der Mensch, der stets auf der Suche nach der Wahrheit ist. Er, der höhere Mensch, braucht keinen Lehrer. Seiner Vernunft und Intuition folgend, erhebt er sich zur «inneren Wahrheit», die, auch nach Lessing, «keiner Beglaubigung von außen bedarf». Selbst wenn Ibn Tufails Freund und jüngerer Zeitgenosse Averroës vom Gedanken der Einheit der unsterblichen Vernunft im gesamten Menschengeschlecht ausgeht, kennt auch er *zwei* «Formulierungen» der gleichen Wahrheit: die «koranische» und die «natürliche Offenbarung». Letztere ist wissenschaftlich ausgedrückt im Werk des

Aristoteles, eines von Gott erleuchteten Lehrers. Wie andere vor Lessing und ein halbes Jahrhundert nach ihm unterscheidet der muslimische Spanier zwischen dem Wahrheitssucher und dem in seinem Besitz sich gesichert fühlenden, einfachen Gläubigen, der noch nicht zur Erkenntnis der philosophischen Wahrheit gelangt ist. Die positive Religion erscheint als niedere Stufe einer ewigen reinen philosophischen Religion. Schon Avicenna sah im Gesetz, wie der Koran es festlegt, eine Leiter: der zur philosophischen Wahrheit Aufsteigende überwindet sie. Damit gewinnt das Gesetz eine primär pädagogische Funktion.

Wegen eines Konflikts mit der islamischen Theologie wurde Averroës 1195 verbannt; seine Lehre verfiel 1270 und 1277 kirchlicher Verurteilung. Doch lebenskräftige Ketzer- bzw. Schwärmerbewegungen beriefen sich in der Folge auf sie. Wie ein «Feuersturm» soll der Averroismus die Schulen Europas erfaßt und ihr Denken für nicht weniger als drei Jahrzehnte bestimmt haben. Wie kein anderes kam es dem Zug der Zeit entgegen, griff es in die Zukunft als Form, in der orientalische Philosophie und Wissenschaft vom christlichen Abendland rezipiert wurde. Wissenschaft definierte in ihm ihre Stellung gegenüber positiver Religion. Ausdruck von erneuernder Umformung philosophischer Tradition, Folge aber auch enger Berührung der drei monotheistischen Religionen im Kräftefeld der christlich-maurischen Auseinandersetzungen. Praktischer Umgang im Gegensätzlichen führte schließlich zur Entstehung der Idee einer gemeinsamen Religion, konzipiert jenseits historischer Offenbarung, erreich- und verwirklichbar auf dem Weg allgemeingültiger wissenschaftlicher Erkenntnis – als Religion der Philosophen. Wenn der Rationalist Abälard auch den Philosophen der Heiden göttliches Inspiriertsein zubilligte, so fanden sich die Grundlagen für diese Geste der Toleranz bei den arabischen Philosophen. Unter dem gleichen Einfluß stand Roger Bacon, als er Moralität zum Inhalt einer Universalreligion erhob. Oder Jean Bodin, wenn er in seinem *Colloquium heptaplomeres* feststellt: Alle Religionen seien Töchter «der einen, der natürlichen, die jedem Menschen von vornherein innewohnt und als hauptsächlichen Inhalt hat: die Einheit Gottes.»

In dieser kühnen Schrift, seinem religiösen Testament, läßt der der Ketzerei verdächtigte Bodin «sieben» Personen sich über den Wert der Religionen unterhalten. Auf der einen Seite stehen die Christen (Katholik, Lutheraner, Reformierter), auf der andern die Vertreter von Judentum, Islam, Naturreligion und Indifferentismus. Am klarsten herausgearbeitet hat der Autor die Figuren von Jude, Mohammedaner und Vertreter der Naturreligion. Letzterer beruft sich auf «die dem Geiste eines jeden eingepflanzte Vernunft, welche das göttliche Licht ist, die sieht, führt, urteilt, was recht, was schlecht *(pravus)*, was falsch sei.» Er beschwört die Vertreter der positiven Religionen, «sich an die Reinheit der Kinderseele [!], an die Übermacht des Guten in der Natur [!] und an die Geltung der Vernunftgründe zu halten.» Was in unserem Zusammenhang aber vielleicht noch interessanter ist, der Mohammedaner tritt ein für Religionsfreiheit, ruft auf zur Toleranz und sagt, ihm scheine, «daß die Ismaeliten deshalb vorzüglich die Christen an tugendhaften Handlungen..., an Frömmigkeit, Gerechtigkeit, Menschenliebe, Tapferkeit und Mäßigkeit weit übertreffen, weil sie darin unterrichtet und belehrt [!] worden, daß sie ihr Vertrauen auf das Hauptwerk des Heils in den tugendhaften Handlungen setzen.» Das Gespräch endet dann, wie der *Nathan* – an dessen Hauptfigur der Jude Salomon ganz entschieden erinnert –, in dem Gedanken, daß die Repräsentanten der verschiedenen Religionen eine einzige Familie, eine friedliche Gesellschaft bilden, in der «ein jeder *seine* Religion in höchster Heiligkeit des Wandels» behauptet.

Zuvor kommt es allerdings noch zu einem «komischen Zwischenfall», der symbolhaft in das Gespräch verwoben ist und in jeder Hinsicht als bezeichnend gelten kann. Nach langen Disputationen über ein Kriterium der Religion geht die Gesellschaft gemeinsam zu Tisch. Zum Dessert werden Äpfel gereicht. Doch der Gastgeber hat «künstliche Äpfel unter die natürlichen so geschickt mischen lassen, daß er auch den Scharfblickendsten getäuscht hätte». Der Vertreter des deutschen Luthertums langt herzhaft zu und beißt in einen der künstlichen Äpfel. Vom Verfasser intendiertes Fazit: «Wenn der Sinn des Gesichts, unter allen der schärfste, so widersinnig sich irren kann, wie kann es geschehen, daß der Geist, welcher alles von den Sinnen erhält, eine Wissenschaft schwieriger und erhabener Dinge erlange?»

Unwillkürlich denke man auch hier bei den echten und künstlichen Äpfeln des Bodin, meint Wilhelm Dilthey, an den echten und die unechten Ringe in Lessings *Nathan der Weise*. Diese Vermutung ist keineswegs unbegründet. Es kann nämlich davon ausgegangen werden, daß damals etwa dreißig Abschriften des Werkes in öffentlichen Bibliotheken und mehr als fünfzig in Privatbibliotheken verfügbar waren. Zudem haben Grotius, Leibniz und Thomasius sich dazu geäußert. Nicht unerwähnt bleiben sollte auch, daß Lessing in seinen Kollektaneen als Quelle einen Sammelband des Thomasius erwähnt, der u. a. eine umfangreiche Besprechung des *Colloquium heptaplomeres* enthält. Der universell belesene, mit der islamischen Kultur und der mittelalterlichen Philosophie vertraute Lessing hat zum Kern seines *Nathan* die für die Toleranz werbende Ringparabel gewählt. Die Erzählung entstand in Spanien, einem Land, wo die vitale und legale Harmonie zwischen den Gläubigen dreier Religionen d. h. zwischen Christen, Mauren und Juden kein Märchen war. Ins Märchen verwiesen wurde der Toleranzgedanke erst, als er fragwürdig geworden, als die Doktrin der Toleranz sich im Niedergang befand, in den Schatten des Vergessens geriet wie die einst fortschrittliche spanisch-maurische Kultur und ihre kühnen Ideen.

Bis Ende des 11. Jahrhunderts ließen die Mauren, wie Americo Castro schreibt, in ihren Städten jedermann unbehelligt, der nicht selbst die Ruhe störte. Es herrschte der gleiche Geist, der Lessings Saladin dem Tempelherrn bekennen läßt: «Als Christ, als Muselmann: gleich viel! Im weißen Mantel, oder Jamerlonk; Im Turban, oder deinem Filze: wie Du willst! Gleich viel! Ich habe nie verlangt, daß allen Bäumen Eine Rinde wachse.» Noch die Gesetzgebung Alfons des Weisen (1252–84) atmet diesen Geist der Toleranz. Sie ist unvergleichlich milde, human. In den *«Siete Partidas»*, einer vom König veranlaßten Gesetzessammlung in kastilischer Sprache, bestehen die *drei* Religionen juristisch nebeneinander. Alfons der Weise versichert in seinen «Cantigas»: «Jener Gott verzeihet/Christen, Juden und Mauren/Wenn sie ihr Herz/Fest auf ihn reichten.» An Beweisen für die Bereitschaft zu Duldung und Respektierung der Andersgläubigen mangelt es nicht in diesem Werk. Obwohl der König ein treuer Sohn der Katholischen Kirche war, erlaubte ihm die «völlig außerhalb des europäischen Mittelalters stehende christlich-islamisch-jüdische Tradition» seine Forderung nach Toleranz auf den Koran zu gründen. Denn: «Die Wege, die zu Gott führen, sind so zahlreich wie die Seelen der Menschen.» Einer der Gründe für das heilige Buch, Christentum wie Judentum als göttliche Religionen anzuerkennen. Bis ins 14. Jahrhundert werden die Spanier als Gläubige *dreier* Religionen bezeichnet.

Angesichts solcher Filiationen und nicht zuletzt angesichts der geographischen Gegebenheiten nimmt es nicht wunder, daß ein Katalane, Bewohner der nordöstlichen Ecke der Iberischen Halbinsel, sich einfallen ließ, in seinem *Buch des Heiden und der drei Weisen,* zuerst auf arabisch, dann auf katalanisch geschrieben, Angehörige verschiedener Religionen ohne Schärfe über die verschiedenen Religionsüberzeugungen sich unterhalten zu lassen: Raymundus Lullus, dessen Bemühen es übrigens zuzuschreiben ist, daß auf dem Konzil zu Vienne (1311) die Bestimmung getroffen wurde, an den Hochschulen von Paris, Oxford, Bologna und Salamanca Hebräisch, Chaldäisch und Arabisch zu lehren. Drei Weise – ein Jude, ein Christ, ein Mohammedaner – versuchen «durch Vernunftgründe» und «unter Ausschluß von Autoritäten» die Wahrheit zu finden und den ihrem Gespräch beiwohnenden Heiden zu bekehren. Es bleibt offen, welche Wahl der Umworbene trifft. Jeder der «drei Weisen» ist davon überzeugt, daß seine Religion «nach der Kraft der Vernunft und der Natur des Verstandes» vorzuziehen sei und deshalb gewählt wurde. Lullus' theologisch-didaktische Abhandlung gilt als Werk der Toleranz: Es zeigt Ehrfurcht vor den anderen Religionen und tritt zugleich ein für das Ideal der Einheit des Glaubens. «Ohne Zweifel» habe Lullus Ibn Tufails

Philosophus autodidactus «gekannt und oft überdacht», versichert Karl Vossler. Wenn dann entscheidende Gedanken des Theologen und Philosophen bei Giordano Bruno und Spinoza wiederkehren, mit denen sich, wie wir wissen, Lessing nicht weniger beschäftigt hat als mit dem Werk Ibn Tufails, so zeigt dies noch einmal, wie überwältigend dessen Ausstrahlung gewesen sein muß. Vielfältigkeit und Weitläufigkeit des Einflusses, der von ihm ausging, rechtfertigt seinen in Jahrhunderten gefestigten Anspruch, Grundbuch aller geistigen Weltaneignung und zugleich alles mystischen Aufstiegs zu Gott zu sein: «Jenen als Beispiel, die zu begreifen vermögen, als ‹Ermahnung jedem, der ein verständiges Herz hat oder ein aufmerksames Ohr und dessen forschendes Auge stets bereit ist›.»